《子女心，父母情》姊妹篇
家长学校喜爱的教养经典

[美]泰德·特里普　玛吉·特里普
（Tedd & Margy Tripp）著　娄晓兰 译

陶塑子女心

I
将真理铭刻在孩子的心上

INSTRUCTING A CHILD'S HEART

全球
多种语言
发行

甘肃人民美术出版社

图书在版编目（CIP）数据

陶塑子女心 /（美）特里普（Trip，T.），（美）特里普（Trip，T.）著；娄晓兰译. —兰州：甘肃人民美术出版社，2013.9
ISBN 978-7-5527-0162-3

Ⅰ. ①陶… Ⅱ. ①特… ②特… ③娄 Ⅲ. ①儿童教育－家庭教育 Ⅳ. ①G78

中国版本图书馆CIP数据核字(2013)第220296号

Originally published in the U.S.A. under the title "Instructing a Child's Heart"

Copyright © 2008 by Tedd Tripp and Margy Tripp

Published by Shepherd Press

中文译稿文字由台福传播中心授权使用。

陶塑子女心

[美] 泰德·特里普（Tedd Tripp）玛吉·特里普（Margy Tripp）著
娄晓兰　译

责任编辑：马吉庆
封面设计：田　可

出版发行：甘肃人民美术出版社
地　　址：兰州市城关区读者大道568号
邮　　编：730030
电　　话：0931-8773224（编辑部）
　　　　　0931-8773269（发行部）
E - mail：gsart@126.com
网　　址：http://www.gansuart.com

印　　刷：环球印刷（北京）有限公司
开　　本：800毫米×1230毫米　1/32
印　　张：7.75
字　　数：155千
版　　次：2013年9月第1版
印　　次：2013年9月第1次印刷
印　　数：1~12000
书　　号：ISBN 978-7-5527-0162-3
定　　价：29.00元

谨献此书怀念玛吉父母

Rev. Carl R. Ellenberger（1919-2000）

& Mrs. Eva Ellenberger（1919-）

纪念他们在主内的奉献

为他们的子女, 孙子女,

与曾孙子女们

不间断地祷告

这正是本书的主旨与精神典范

目 录 Contents

自　序

　　给予孩子正确的世界观，并帮助他们在由此建立的架构中，理解父母的教导和管教，这到底有多重要？也许你会对本书的书名——《陶塑子女心》感到有些诧异，你或许会问："为什么不起名叫《陶塑头脑》呢？难道教导不是针对大脑起作用的吗？"

心的重要性

　　我们总认为头脑管辖理智，而心则管辖情感，但《圣经》却没有支持这种观点，而是认为思维与心息息相关。上帝使洪水泛滥，就是因为人心"终日所思想的尽都是恶"（创6：5）；耶稣的母亲马利亚，听到有关孩子的事而惊讶，"却把这一切的事存在心里，反复思想"（路2：19）；上帝话语的权能更可见于此："连心中的思念和主意都能辨明。"（来4：12）

　　《圣经》将推理与思考归属于心，因为心是生命的核心，是我们思想、哀伤、喜乐、爱恋、憎恨、欲望、恐惧、祈求的一切所在。"因为一生的果效，是由心发出。"（箴4：23）

教导的重要性

　　从心着手教导孩子，并不是父母简单地将信息传递给

·1·

孩子，而是把真理铭刻在孩子的心上。所罗门就是这样教导的："我儿，你心若存智慧，我的心也甚欢喜，你的嘴若说正直话，我的心肠也必快乐。你心中不要嫉妒罪人，只要终日敬畏耶和华，因为至终必有善报，你的指望也不至断绝。我儿，你当听，当存智慧，好在正道上引导你的心。"（箴23：15-19）所罗门非常重视从心着手教导孩子。

期待一本养儿育女指南

父母总在寻求立竿见影的育儿秘籍，期待手中的"十大"头痛问题能得到解答，盼望获得实际有效的帮助，"就告诉我什么时候该做什么……什么时候该说什么……"

其实，父母需要的比技巧和主意更多，那就是掌握扎实的圣经真理。即使把编写恰当的话语放在口中，也不能满足需要，因为佳言美辞很快就会用完。上帝造人奇妙独特，不同的家庭、性格、环境错综复杂，这使得每个家庭的互动各不相同，所以养育子女，并没有人人适用的简单处方。如果你有的仅是技巧和策略，你很快就会黔驴技穷。父母最迫切的需要是认识圣经真理。教养子女的能力源于纯正的信仰。

本书的结构

我们将本书分为三大部分。

一、着眼于陶塑子女心灵（Formative Instruction）的呼召，透视其广度。

二、详细查看各种特定议题，本篇所涉及的真理必将成为你陶塑子女的教育根基，其中包括心的重要性、种与收、上帝对权柄的计划、上帝的荣耀、智慧与愚昧、如何在基督里得完全、教会的重要性等等。这是拯救生命的根基教导。

三、集中于陶塑子女心灵的应用。如何纠正错误、培养纪律、激励主动，并探讨陶塑子女心灵与管教的关系，包括承担后果、行为到内心的改变、管教的沟通基础等。一切惩戒，必须以福音为中心，我们希望孩子看到，在福音中耶稣基督饶恕我们、改变我们，并赐我们能力的恩典。

从心出发的教导，是教养孩子的关键。你的教导不仅进入孩子的头脑、更达到他的心、指引他走上帝真理和智慧的道路。我们要将真理铭刻在儿女的心版上，不是操控他们，而是带领孩子亲身体验最大的喜乐——经历上帝的良善并以神为乐。

玛吉·特里普

泰德·特里普

2006年8月

译者序

　　有些读者，可能已经看过作者的前一本书《子女心　父母情》，您可能会想，这本书是否跟上本大同小异呢?

　　从译者的角度，我们可以先看看作者特里普先生，他不仅是父亲、牧师、督导兼校长，还是工人、仆人、一位敬畏上帝的人，因此若非至关重要、且尚有未尽之言，他无须再唠叨多叙。

　　再看内容，本书作者主要是提出了上帝对他特别的呼召"Formative Instruction"，也就是陶冶、塑造的教导，若从基督徒属灵的角度来看，就是陶塑子女心灵。

　　上帝是陶匠，我们是泥土。他是陶匠；父母是土、儿女是土、我们全都是上帝手中的陶土，是上帝慈爱奇妙的大能，一个一个、巧思独具地创造、陶冶与成全的。

　　可是父母常会越俎代庖，错以为先出炉的自己也是陶匠，而任随己意地去压挤、操控孩子的前程与生命；浑然忘了上帝的存在与旨意，也忘了自己仍是土而非陶匠。我们的生命，依旧需要被塑造与熬炼，如果没有耶稣救恩的福音，我们始终不义、也不完全，一旦离开上帝的恩典与大能，就会骄傲妄为、软弱丧志、沦落灭亡。

　　父母对儿女的养育、教导、指引、管教与权柄，当然是上帝赋予父母的使命；可是如何才不会角色混淆地去扮演孩子的上帝呢?如何能谨守遵行上帝的旨意与呼召，称职、忠实、喜乐地让上帝去塑造冶炼他手中一个个奇妙的作品——孩子呢？父母又如何能安静欣然地学习、大有信心地交托倚靠、全然惊叹地感恩与赞美上帝的作为呢？这正是作者在这本书中，一再谆谆告诫的珍贵信息——如何作个忠实、喜乐、赞叹、感恩的父母。

要警惕并切记的是，身教并非虚伪地勉强营造完全人的表象，因为没有一个人是完全的。但我们可以藉由随时来到主前寻求恩典与赦免的真实，来做孩子生命的示范。从另一个角度来看，孩子其实是上帝放在父母身边的恩典，来焠炼与检验父母的信仰是否为真。

本书作者秉持他特有的观察力，看到一般教育只重行为的虚伪与徒劳，他勉励父母唯有从心出发、从心开始，才有扎实、长远、一生的果效。而且此心非头脑、非知识、非教条，而是唯有从上帝的话语中，去寻求智慧与大能，那转变才是从根源开始的全然更新。

译者在推敲作者的字句时，看到一位父亲为了子女的益处，如此认真地学习、昼夜思想、并尊主为大。上帝一定也看到了，才赋予他特殊的呼召与属灵的亮光，借着作者自己坦率与诚挚的分享，与每一位也在其中苦思、努力、挣扎、却总不放手的父母们，同走天路的美好、共尝主恩的美味。

我们都是上帝手中的陶土。父母自己得先认识并敬畏那创造、塑造、成就我们的陶匠——阿爸天父，以主为乐、赞美感恩，才能信靠顺服、喜乐交托，让孩子也认识并敬畏他，任他去陶塑、冶炼与成全。

诚如作者所言："每次谈话都是个机会，让我们的生命，被'上帝就是万有'的敬畏所浸润。"

无论父母或子女，唯有敬畏上帝，才是永恒的福乐。

最后，再用作者所提醒的话语，作为对父母的谆谆勉励：

"让我们紧握上帝话语的棱镜，去透视日常生活的光景；那样，我们就会看见灿烂而丰富的圣经光谱。"

娄晓兰

2009年7月

第一篇 | 陶塑子女心灵的呼召

陶塑子女心
Instructing a Child's Heart

第一章　生活就是课堂

生活即课堂，教导与学习二十四小时不间断地进行着。而危险恰恰在此！如果没有《圣经》话语的教导，世俗的影响就会取而代之。我们的心极易被无神论文化空洞诱人的哲理所迷惑（参见西2：8），从传媒到教育，大众文化借助各种手段用堕落的观点诠释生命。就好像空气，你每天呼吸却毫不觉察；我们的孩子，也是一样。世俗文化的潜移默化是令人恐惧的现实，父母将如何与世界抗衡，夺取儿女的心思意念呢？

两个基本的答案

第一，我们必须认清敌人，并清楚明白他军队的实力（参见彼前5：8）。我在此用战争做比方，因为上帝说我们正在争战（参见弗6：11-12）。这既是内战（参见雅4：1），也是外战（参见弗6：12）。基督徒必须花时间认清他们属灵的仇敌，并估量他们的能力与权势，否则就是将自己置于属灵险境。常有些认真的基督徒，竟提供膳宿给敌人（世俗文化），还认为自己能控制其在家中的影响力。他们对《雅各书》4章4节的宣告觉悟得太迟了，"岂不知与世俗为友就是与神为敌吗？所以凡想要与世俗为友的，就是与神为敌了。"我们不能既已邀请世俗文化进入家中，却又期望世俗文化不会对我们或孩子造成深刻的影响。

第二，我们必须熟练运用合乎《圣经》的原则，陶塑子女心灵，把这作为攻击与防卫的武器，抵挡子女属灵的仇敌（参见弗6：10-17,彼前5：8）。我们有责任保护子女不受世界邪恶势力的玷污，陶塑子女心灵，教导孩子生活的原则与绝对标准。但请密切留意，与孩子生命挂钩的准绳是我们的呢？还是世俗文化的呢？

所罗门在《箴言》中一再提醒儿女，要躲避有害的建议，听从智慧的忠告。他的教导包含两方面，首先，他讲述跟从恶人的危险："我儿，恶人若引诱你……"（箴1：10）。接着，他鼓励孩子追求生命之道："使智慧人听见，增长学问，使聪明人得着智谋……"（箴1：5）。本章我们将讨论世俗文化持续的影响力。世俗文化强大而且无法被隔绝。《罗马书》12章2节给了我们一个很好的总纲——要认清仇敌："不要效法这个世界，只要心意更新而变化"，并且实行合乎《圣经》的教导，"叫你们察验何为上帝的善良、纯全、可喜悦的旨意。"

荣耀的事实是——虽尚在争战中，我们却有永远得胜的确据，因为救主基督已经战胜仇敌。我们或许蹒跚，却依然坚定而充满信心，因为靠着上帝争战的策略和武器，我们终必得胜（参见林前15：57-58，彼前5：9-10）。

认识仇敌

谁在主导我们的大众文化

世俗文化知道如何用信息来渗透我们，所以我们必须细察传媒的力量。名流们藉娱乐媒体带领时尚，各类专家指引呼吁如何生活，丝毫不顾及大众的益处和根本需要。电子媒体社会化了我们的文化。电视、电影、印刷品、网络，各自传播着自身的价值观，也各自为不同的时代族群量体裁衣——无论你是2岁、12岁、32岁，还是65岁，广告商均深谙吸引顾客之道。

广告一再重复着同样的信息，因为一次性的曝光不足以被大众所接受。如果信息不需要一再被重复的话，一次性的廉价广告早就投入使用了，但他们希望，当你面对货架难以抉择时，会记起他们来！于是人们就这样被洗脑了。观念的形成，需要长效目标下的长期互动与百分之百的浸润。

他们教导了什么

每个世代都传递着相同的信息，它巧妙触碰到人的热键，就是那潜藏的信息——"我"。"我应该得到……"、

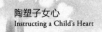

"我想要……"、"我会快乐，如果……"、"我不能没有……"等等，这些信息都在告诉我们，该如何看待生命、自己、他人和上帝。

从人际关系到伦理道德，脱口秀通过闲聊让人进入感性而无原则的观点。富裕和放纵、物质和情感、以及财物的保障被鼓吹成为成熟人士的特权。广告也刺激着我们对安逸舒适的渴望，它所开启的是一扇并不通向真实的大门。

各种大众文化都在告诉我们的孩子，权威与传统令人生厌。每个时代，孩子都在要求更多的好处才愿意与权威合作。运动员与明星也在一旁推波助澜。广告借着服饰、新鲜事物、轿车等流行时尚，为人们提供生活的意义、身份认同与享乐的方式。

世界叫卖的一切物质，尽管激起孩子无度的感官饥渴，却永远无法给上帝所造的人带来真正的满足。

我最近与一位俄罗斯妇女聊天，她给我看住在白俄罗斯的女儿的照片，蓝色紧身牛仔裤、露肚小背心，绝对不输美国新潮少女的打扮。为什么呢？因为同样的流行也被贩卖到了俄国——文化的影响跨越地域与语言的界限，无远弗届。

讽刺的是，不满支配着大众文化。成年人因着对美好生活的憧憬过早破灭而悲观厌世。少数的"成功者"也备感空虚。年轻人愤世嫉俗，因为野蛮和势利的文化无法带给他们卓越的价值，他们只能尽其所能满足欲念，及时行乐。他们沮丧、不安、挑剔、好战、冷漠，对前人的成就无动于衷。

世界的课堂是虚伪骗人的

现代生活的课堂，就是客厅电视前舒适的沙发、iPod、随身听、耳机、牙医诊所的杂志、汽车内的广播、广告牌、办公室、球场和舞蹈教室。而老师们呢，则精于制作有趣、合理、动人、迎合我们及孩子的信息。他们的课程表，精致、有说服力、充满质感——定意要在我们心中塑造偶像。

这说法是否太夸张？在《诗篇》第1篇，上帝就以他对世俗文化的评价警戒我们。《诗篇》作者用"从、站、坐"的隐喻，描述我们每天在不信上帝的生活课堂中无意识地作息。"恶人的计谋、罪人的道路、亵慢人的座位"，分别指出了世俗的老师、他们的方法与信息。4-6节宣告了他们悲惨的结局："恶人并不是这样，乃像糠秕被风吹散。因此当审判的时候，恶人必站立不住……恶人的道路却必灭亡。"

按照《圣经》陶塑子女心灵

陶塑子女心灵的重要性

生活的课堂是不停歇、强势而包罗万象的。家庭也一样，是孩子不断学习的场所。

就连我们自己，也不停地在影响着孩子的生命。我们的每一个回应，无论是话语还是沉默，都是教导；我们的行为、我们的爱，也在教导。除这些自然而然的过程之外，上帝还呼召我们要教导孩子相信什么、如何生活、如何思想与应用《圣

经》。本书中，我们称这种刻意的教导为"陶塑子女心灵"，就是"建立"与"塑造"我们的孩子。这不是一劳永逸的教育，而是依据上帝的启示终其一生的互动。上帝应许我们，我们所教导的，将在孩子的生命中结出美好的果子来（参见箴22：6）。

我们必须积极教导，并让孩子从我们的生命中确知：是上帝在定义生命。上帝启示并指引我们明白：什么是有价值的、什么值得为之生又配为之死、什么值得奉献与委身、什么赋予生命意义。所以除了简单解决眼前的短暂问题，父母更应看见那来自上帝的异象，用心去培育子女，从婴孩直到成人。

这些事实，都已总结在《马太福音》22章37-39节："你要尽心、尽性、尽意，爱主你的上帝……要爱人如己。"这种爱上帝与爱人的爱，是怎样的呢？哪儿可以找到智慧、方向、耐力、与战胜罪的能力去爱上帝与爱人呢？答案全都来自上帝的启示——就是他对人类的教导。《圣经》就是我们的课程；而基督，就是我们活出《圣经》原则的榜样。

上帝的话语

上帝的话告诉我们，上帝存在，并参与在世界中，我们要学会如何以这个角度，去看待人类所有的知识与经验。这使《圣经》的教导完全有别于时下不道德的弯曲悖逆，也不同于传统的、由来已久的人文主义世界观。

我们的教育目标，不是确保我们的孩子按照一般社会所推崇与接受的养育法则成长——不犯罪，过得好就行。我们的渴望是，孩子能尽心、尽性、尽意去爱上帝。所以，陶塑子女心灵的根基是《圣经》，而并非什么费尔或罗拉博士的建议，也不是家庭杂志的推荐，或儿科医生的嘱咐。

父母必须发言

向儿女颂赞上帝的作为是父母神圣的使命（参见诗145：4）。我们要传扬上帝的真理而不是自己的意见。从《申命记》32章46-47节，我们可以看到上帝话语的重要性——"我今日所警教你们的，你们都要放在心上，要吩咐你们的子孙谨守遵行这律法上的话。因为这不是虚空与你们无关的事，乃是你们的生命，在你们过约但河要得为业的地上，必因这事日子得以长久。"

《圣经》一再告诉我们，唯独上帝的话语，能带给聆听者生命的真理，所以我们所说的也应与上帝的话相符。但这并非一字一句的照本宣科，若仅是照搬原文，就会像法利赛人，只留下空洞的回响。这些带来生命的话语，必须经过我们自己的吸收应用，再以爱心去示范教导，从而使我们的孩子学会如何在日常生活中活出《圣经》的话语。《圣经》指出，父母的言语极具分量，因为父母是永生上帝的使者。我们自己的生命也彰显着上帝的话语。基督在世的日子，亲身显明了上帝的样式："人看见了我，就是看见了父。"（约14：9）所以当我们按着上帝的话语说话行事，就被赋予了来自上帝的权能（参见彼前4：11）。

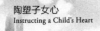

荣耀上帝、尊重权威与他人、感恩和造就人的家庭氛围，都是陶塑子女心灵带来的祝福。家庭将是个避风港，因为在这里，尊严和忠诚于家庭的观念与标准得到了持守，并且我们天天帮助孩子去面对世界和其中的挑战。所以，养育子女不只是照看他们，更是借着陶塑子女心灵的异象，使家庭与社区得着更新改变。

陶塑与管教不同

不要将陶塑子女心灵与管教混淆。陶塑是随时随地进行的，而惩戒只在行为需要纠正时才被使用。如果，我们每次只在孩子需要惩戒时才去教导他们，孩子会因惧怕管教而听不进教导，而"惩戒"一词，也会被他们从文化的观点诠释成虐待、独裁、侵犯人权、专制与疯狂。

陶塑子女心灵会让孩子明白，管教是上帝所命定，为了让父母给儿女提供保护、方向、安全与祝福的必要方式之一。只有惩戒是不够的。在有效的陶塑的基础上，管教能被孩子接受与明了。如果没有陶塑子女心灵的工作作根基，惩戒只会在孩子心中播下混淆与叛逆的种子。

> 许多父母觉得，他们是受到音乐电视、影带影碟、电动游戏等陌生敌对势力所侵犯的牺牲品。因为他们的子女，有着令父母完全不能理解的兴趣、词汇与价值观。
>
> 我询问那些担心的父母："你的孩子怎能买得起游戏机、电视、计算机，还把它们放进卧室呢？"

"哦，不是他买的，是我买给他的。"

"你买给他这些，现在却因他使用它们而生气吗？"

我们必须对自己提供的娱乐相当审慎。因为很可能不经意间我们就引狼入室了。

《圣经》是珍宝——不是棍子

当心！不要用《圣经》来棒打你的孩子！"你们作父亲的，不要惹儿女的气。"（弗6：4）如果我们用上帝的话打击子女，当他们年纪还小时，也许只能畏惧躲避，可是一旦独立，必然立即逃之夭夭。我们必须十分小心，是否在言语上使他们不堪重负，即使在纠正和责备孩子的时候，也要以关爱和同情的心使用神的话。

你如何看待《圣经》？它是律法、定罪、警告、内疚、威胁和审判？还是上帝对堕落破碎的人性满有恩慈与怜悯的启示呢？

《圣经》是上帝默示的，有丰富优美的文学结构，讲述了创造与堕落、基督道成肉身、耶稣的死与复活所带来的救赎与盼望，以及耶稣荣耀的再来、建立新天新地等。

我们必须教导孩子爱《圣经》。教导他们上帝的应许，与应许相关的警告；教导他们耶稣为罪所作的完全的献祭，以及我们的罪性。我们要让孩子听到，上帝的话比蜂房下滴的蜜更甘甜，我们也因此受警戒，持守这些便有大赏（参见诗19：10-11）。教导孩子爱《圣经》最有效的方法，就是我们自己热爱上帝的话语。孩子看到我们渴慕诵读、聆听、了解《圣经》，也就自然而然体会到唯有《圣经》才是世间的至宝。

第二章　陶塑子女心灵的五项目标

　　我们在陶塑子女心灵时，心中要先有一个大局观。在应用的过程中，下面所提到的五个目标十分重要，需时刻铭记在心。

- 《圣经》是我们每个人的历史
- 培养敬虔的习惯
- 将《圣经》运用在生活中
- 树立活泼的属灵生命的榜样
- 培养成熟的亲子关系

　　始终定睛在这五项目标上，就能赋予陶塑子女心灵这项工作活力并使之渐趋成形。

《圣经》是我们每个人的历史

　　在《申命记》6章20-25节里，摩西带领百姓回想上帝的供应，激励以色列人继续跟随上帝。他的话掷地有声，因为以色列人熟知他们的历史，也认识那位将自己启示给亚伯拉罕、以撒和雅各的神。以色列的历史一再重复着上帝是谁、并他奇妙的作为。以色列人常常诵读、吟唱、背诵自己的历史。他们饮食的律例，使他们不致像邻邦一样得病，甚至他们的食物，都是上帝立约保守与供应他们的提醒。这种从神而来塑造文化的启示，使得以色列人在面对各样环境时，都清晰地知道自己的身份与目的。

这对我们也一样。上帝早已在《圣经》中将他自己显明给我们，告诉我们：我们是谁、我们为什么被造。《圣经》就是我们的历史。创造、堕落与救赎是明白生命意义的背景。抛开了属灵历史，我们的孩子就无法理解他们为什么存在、罪怎样影响了他们，以及救赎如何恢复了罪所摧毁的一切。

试想，一位咨询师在没有了解被咨询者的背景和生活境遇之前，就针对他的难题贸然给予建议，或许他所建议的内容有可取之处，但一定缺乏深度，且难以提供长效的帮助。如果我们不在《圣经》的历史背景下教导孩子，结果也是如此。

《圣经》教导了许多有关我们生活的世界的真理。它告诉我们上帝创造世界、上帝过去的子民，以及《创世记》3章15节记载的上帝救赎的应许如何在过去的世代中显明。《圣经》是一本有关我们自己的历史书。

这启示并不是仅仅关乎那些遥远的属灵亲人，而是按着我们个人的名字关乎我们每一个人。让这个真理的意义与能力充满你，让你的孩子也沐浴其中；不然，《圣经》的预言、预备、应许和宣告将无法激发我们的言行，我们的儿女也只会把《圣经》当成另一本故事书而已。

我的意思是，我们或许会对晚间新闻报道的某些英勇行为感到振奋，评说着无望的社会偶尔还能见到一丝曙光。但如果这位英雄是你的亲人，这唤起的家族忠诚感，和对你的激励将是何等的大呢！我们会对发生在遥远国度里令人绝望的饥荒、困境深表同情，并以某种方式施以援手，但若是我们的家人陷于饥荒或灾难中，我们将如何坐立不安、尽心竭力地提供帮助呢？

不同视角带来的差异何等大啊！在《圣经》与教会历史中，信心伟人们的信仰、盼望与信心，都来源于对上帝启示的亲身认同，他们在上帝书写的故事中看到自己。我们要让基督荣耀的国度、不可见的属灵争战，对我们和我们的孩子就像家庭团聚中所说的家长里短一样真实和迫切。《圣经》故事里的主人公，就像奶奶、姊妹或叔伯一样可亲。这样，上帝的属性和作为将成为我们教导与管教中最重要的元素。而我们自己必须率先学习这一课。大卫在《诗篇》34章8-11节里说："你们要尝尝主恩的滋味，便知道他是美善，投靠他的人有福了！耶和华的圣民哪，你们当敬畏他，因敬畏他的一无所缺。少壮狮子还缺食忍饿；但寻求耶和华的，什么好处都不缺。"我们还要这样告诉儿女："众弟子啊，你们当来听我的话。我要将敬畏耶和华的道教训你们。"

《圣经》不只是上帝子民的古老故事，而且是关于我们及儿女的故事。《圣经》是我们的家庭相册。

> 你渴望子女英勇无畏吗？把牧羊孩子大卫在上
> 帝预备他战胜歌利亚之前如何面对狮子和熊的故事，
> 带入他们的生活。大卫的事迹并不仅仅是个圣经故
> 事，也是你孩子的历史，因为大卫是他们信心的兄
> 长，是子女面对争战时，胆识与信心的英勇典范。

让我简短总结我们的历史：《创世记》描述上帝创造万有，但因为人类的堕落而遭到破坏，而人类获得救赎的唯一盼望，是通过上帝所赐的独生子。

《圣经》强调并阐明我们需要救主。《圣经》讲述着上帝对我们的信实，提醒着我们上帝之约的祝福与咒诅。《圣经》也记载着救赎主的家谱溯源和先知侍奉的历史背景。

如诗般的历史书卷，生动记载了个人在生命喜乐、忧愁、困苦和艰难中对上帝的亲身经历。

面对生活挑战，作者表达出对上帝的敬畏。他们陈述智慧与愚昧的对比，大大帮助我们领受上帝的话语，并以此教导我们的孩子。

先知书宣告上帝对以色列悖逆的审判。与此同时，上帝也因着他的慈爱，实施着拯救的计划。先知强有力地讲述着真实的悔改和重建。

福音书高潮迭起。基督的一生，揭开旧约一切的应许、象征与预兆，显明上帝的启示真实确切。他有大能大力，将万事更新！弥赛亚在神所定的时间和地点，成全了所有的义。

《新约》书信解释并且实践了《创世记》3章15节所应许

的救赎者的救赎计划。基督是《圣经》的中心。他是《创世记》中创造万物的"道"，也是《启示录》中被尊崇的救主。《启示录》1-20章记载了上帝在大逼迫中保守教会安全的大能；21-22章预言上帝在万国万民面前，在基督审判受造万物与建立荣耀永恒国度时，将最终的荣耀带给我们尊贵的基督。

我们必须让孩子看到，《圣经》中大能的救赎故事与他们每天的生活息息相关。只有通过圣经故事的背景，让孩子认识自己、认识创造和救赎他们的主，我们的教导才会有意义。

> 你和你的孩子生活在创世与新天新地的过渡时期。只有了解我们所处世界在上帝救赎历史中的位份，我们才能明白和诠释我们所经历和感知的一切。只有《圣经》能使你的生命经历有意义。在真理的亮光中，人本主义是空洞和无法令人满足的。唯独上帝的话带来切实的安慰。人的感性之言好像伤口上的创可贴。唯独《圣经》持有恒久慰藉，不让人失望、也不会掩面不顾我们。教导的首要目标是让孩子看见上帝的属性与作为——带领孩子在《圣经》的字里行间看到他们自己的故事。让《圣经》成为你的家庭相册，不是别人的、从前的，而是我们的、现在的。

培养子女敬虔的习惯

第二个目标，培养孩子按照真理行事的生活习惯。无

论好坏，幼年教育所形成的行为习惯很难改变。"教养孩童，使他走当行的道，就是到老他也不偏离。"（箴22：6）

年幼的孩子应该聆听仁慈坚定、权威公正、代表父母权能设定界限的教导。如果孩子的生活中没有清楚、一致、来自《圣经》对现实的正确诠释，那么他们的罪性就会误导他们去自我解读现实。而他们的心，也会为了满足自己的贪婪和欲念，另辟蹊径。

用真理解读生命经历、挑战孩子的心以正确的态度回应公义的话语，这样的早期教育是为圣灵的耕耘预备心田。保罗曾在提摩太的生命里，指出这个过程的重要性。《提摩太后书》1章5节和3章14-15节讲到，提摩太的属灵生命得益于早期的《圣经》训练：

> 想到你心里无伪之信，这信是先在你外祖母罗以和你母亲友尼基心里的，我深信也在你的心里……但你所学习的、所确信的，要存在心里，因为你知道是跟谁学的。并且知道你是从小明白《圣经》，这《圣经》能使你因信基督耶稣有得救的智慧。

我们熟悉的《提摩太后书》3章16-17节，详述了《圣经》培养的素质："《圣经》都是上帝所默示的，于教训、督责、使人归正、教导人学义都是有益的，叫属上帝的人得以完全，预备行各样的善事。"

在大卫对圣洁道路的描述中，我们可以看到少年大卫对上帝的委身："少年人用什么洁净他的行为呢？是要遵行你的话。我一心寻求了你，求你不要叫我偏离你的命令。我将你的话藏在心里，免得我得罪你。耶和华啊，你是应当称颂的，求你将你的律例教训我。我用嘴唇传扬你口中的一切典章。我喜悦你的法度，如同喜悦一切的财物。我要默想你的训词，看重你的道路。我要在你的律例中自乐，我不忘记你的话。"（诗119：9-16）

> 你希望孩子在面对试探时，能养成祷告的习惯。假设一个四岁的孩子，因为与兄弟姊妹争吵而生气，你并不希望仅仅是仲裁他们的纠纷，而是盼望他在快要生气时，能转向上帝祷告。
>
> 那么就在早晨与他这样谈心：
>
> "今天你或许想对妹妹生气，这样的时候你来找妈妈好吗？我会帮助你，祷告上帝给你恩典。因为当你想要生气的时候，上帝可以帮助你。"
>
> 如果你年幼的孩子，在有需要时能到你面前，让你带领他一起来到上帝施恩的宝座前，随时得怜恤、蒙恩惠（参见来4：16），他将会学习到，如何在未来的年日里，自己也这样去做。

在每天的生活中应用《圣经》

从权威、顺服、解决冲突，到上帝所赋予的人际关系角色等诸多事项，我们的孩子都需要获得如何运用《圣经》真

理的教导。每天都有很多将《圣经》连于生活的机会——遗失书包、友谊破裂、考试不利，比比皆是。我们每天匆匆忙忙，以为只要和儿女一起灵修就足够了，其实稍不留神，就错失了训练良机。我们每天如何应对环境与危机，都能让神学理论应用于现实。

那些把对《圣经》的认识化为顺服和勇敢的孩子，的确令《圣经》故事熠熠生辉。面对非利士的军队与歌利亚的恐吓，大卫对扫罗说的话听起来既天真又孩子气："人都不必因那非利士人胆怯。你的仆人要去与那非利士人战斗。"（撒上17：32）孩童大卫的属灵生命与牧羊的经历，令他充满勇气。"大卫对扫罗说：'你仆人为父亲放羊，有时来了狮子，有时来了熊，从群中衔一只羊羔去……你仆人曾打死狮子和熊……耶和华救我脱离狮子和熊的爪，也必救我脱离这非利士人的手。'"（撒上17：34-37）

大卫回答扫罗时的英勇，与直面歌利亚的无畏，并不是贸然出于年少无知的空想，而是出于大卫相信上帝的大能与权势。那带领以色列出埃及的上帝，同样也是救他脱离狮子和熊的上帝。他的信心来自面对熊的时候，呼求上帝，就亲身经历神的拯救。扫罗看歌利亚是巨大的，而看上帝和他的应许是渺小的。大卫却从以色列的过去，与自己曾经历历在目的凶险遭遇，去看歌利亚和非利士人。他行出了对上帝和他应许的信靠。所以，上帝在有限的巨人身边，显得高大无比。"你来攻击我，是靠着刀枪和铜戟；我来攻击你，是靠着万军之耶和华的名，就是你所怒骂带领以色列军队的上帝。今日耶和华必将你交在我手里……又使这众人知道耶和华使人得胜，不是用刀用枪，因为争战的胜败全在乎耶和华。他必将你们交在我们手里。"（撒上17：45-47）

为孩子树立活泼的属灵生命榜样

教导孩子在生活中运用《圣经》，最好的途径就是父母的亲身示范。如果父母无论经历人生喜乐或是风暴，始终与神同行，儿女将被这与神真实的关系所吸引。相反，最容易让孩子对神心硬的就是："有敬虔的外貌，却背了敬虔的实意，这等人你要躲开。"（提后3：5）

我们的家是孩子生活的实验基地。孩子之所以能笃信基督信仰的真诚无伪，是因为我们认识上帝——而不仅仅只是知道有神。随着孩子在教会中成长，他们迫切寻找着与神有亲密关系、温暖而有生命力的信仰，寻求着能抵御人生风暴的真实信条。与上帝的关系使我们确信，在所有的生命经历中，我们都能认识《圣经》中那位掌权的神。我们与上帝的关系会吸引孩子亲近神，让神成为他们的安慰与依靠。

为儿女讲述《圣经》中的年轻人如何活出《圣经》真理的故事。沙得拉、米煞、亚伯尼歌（参见但3）、但以理（参见但1：8-21，但6）、以斯帖、服侍乃缦家的小女仆（参见王下5：1-15），

和接近法老女儿的米利暗（参见出2）——因着《圣经》的训练，这些年轻人充满勇气与信念。他们实践了所背诵、吟唱的真理，而这些真理带领他们做出了明智的抉择。

培养成熟的亲子关系

为着基督的国度，我们要竭力进入成熟的与人共同生活和工作的关系。基督徒的生命活在社群中，在整个救赎历史里，上帝子民一同见证神奇妙的作为，也一同在他的保守与供应中得荣耀。未来的世代也要如此。所以当我们提到上帝对我们的家和普世教会的信实与供应时，也要有此相同的盼望——我们一起同工，宣扬基督的国度，直到他再来。约书亚在《约书亚》记24章15节宣告了这个盼望："至于我和我家，我们必定侍奉耶和华。"

同样的主题也陈述于《诗篇》48篇12-14节："你们当周游锡安，四围旋绕，数点城楼。细看她的外郭，察看她的宫殿，为要传说到后代。因为这上帝永永远远为我们的上帝，他必作我们引路的，直到死时。"

《诗篇》78篇3-7节告诉我们："是我们所听见、所知道的，也是我们的祖宗告诉我们的。我们不将这些事向他们的子孙隐瞒，要将耶和华的美德和他的能力，并他奇妙的作为，述说给后代听。因为，他在雅各中立法度，在以色列中设律法，是他吩咐我们祖宗要传给子孙的，使将要生的后代子孙可以晓得，他们也要起来告诉他们的子孙，好叫他们仰望上帝，不忘记上帝的作为，惟要守他的命令。"

下一章我们将详述《圣经》中有关陶塑子女心灵的首要模板——《申命记》第6章。

第三章　陶塑子女心灵的呼召

有一次我们全家去加州度假，四岁的儿子与我一同坐在迪斯尼乐园的加勒比海盗船上，四周炮声隆隆、水波翻腾，儿子转身问我："爸爸，这是真的还是假的？"他正在作真实状况检测，"如果这是真的，我快被吓死了！如果是假的，那我就可以放松享乐了。"

为儿女解说现实，是很重要的。陶塑子女心灵的呼召，就是为子女提供一个解释与回应现实的构架。

陶塑子女心灵的定义

陶塑子女心灵，就是陶冶和塑造孩子心灵的教导，将孩子的生命扎根于《圣经》的启示，给孩子一个清楚彰显上帝荣美的基督教文化，帮助他们明白人照着上帝形象所造的尊贵，并从上帝救赎我们、带领我们与他和好的角度，来诠释生命

的意义。

陶塑子女心灵，是在问题发生之前就进行的教导。它的核心是，用《圣经》来解释与回应生活中一切计划之中与计划之外的情况。比方说家庭敬拜，就是计划之内，用丰富的《圣经》真理教导儿女的方法。然而，在瞬息万变的每一天，还有许多计划之外的教导机会。面对生活的突发状况，我们的反应就是对孩子最好的陶塑教育。我们在试炼中对上帝的信心、对他人的爱与怜悯、宽恕与慈爱、对福音大能的信心、恩典中的盼望等等——这些全都赋予了陶塑教育以生命。

最近，我观察到一个很好的"计划之外"的教导实例。在一个秩序有些紊乱的聚会里，一位年轻父亲帮助他三岁的儿子，去回应"被一个挑衅的孩子推倒，又被他抢走了玩具"的突发事件。

这位父亲用十分仁慈的话语鼓励他的儿子。

"没关系，乔丹，你可以让他玩那个玩具，还有很多其他的玩具可以玩。"但他的儿子似乎不愿响应这个太过仁慈的建议。

"有时候，对人好是很难的，是吗？"

"是。"儿子颤抖着下唇，点点头。

"谁可以帮助你呢？"父亲问。

"耶稣。"

"对，耶稣可以帮助你。让我们一起祷告，祈求耶稣来帮助你。"

这是个非常感人的"计划外"的教导实例，这位父亲给儿子呈现了基督徒的文化。这段对话给孩子做出了仁慈与饶恕、谦卑依靠上帝恩典与能力的榜样。

> 文化，在这里是指，综合知识、信仰、行为对我们的经历做出解读的模式。我们提供的知识与信仰，能帮助子女回答"为什么我要这样做"。同时，我们对孩子行为的准则与要求，也加深和巩固了我们所教导的知识与信仰。比方说，我们讲究良好的餐桌礼仪，因为这是尊重他人的表示；合宜的举止，就是一种尊重。同时，当我们使用良好的餐桌礼仪时，也加强了子女的信仰，知道要尊重礼遇与他们一同进餐的人。

过多的假设

导致陶塑子女心灵不足与不完全的原因，往往是因为我们对自己子女所了解的做了过多的假设。

有一次，我们送小儿子去露营，我妻子玛吉在帮他整理行装。她几乎将一星期的爱心照料全装进了行李箱。她一件件为儿子解说，看到内衣时，她说："记得哦，亲爱的，每天都要穿上一条干净的内裤哦。"

一星期后小儿子回家，看起来颇为臃肿。我们这才发现，他身上居然穿着七条内裤！就像玛吉所吩咐的，他每天都穿上了一条干净的内裤。这种情况的发生，就是因为玛吉

预先假设孩子知道：穿上干净内裤以前，要脱下脏的。

同样，我们常常过多假设了孩子对生活的认知。因此，我们更应该认识到陶塑子女心灵的重要性。每天与孩子的互动，使我们有许多机会可以教导他们，上帝如何构建了我们所居住的世界。

与管教不同

管教孩子的时候，并不是教导上帝话语的最佳时机。首先，在事情出错时，我们自己就不是处于最佳状态的好老师。我们会沮丧。"他早就应该知道了！他究竟还要多久才能学会呢？"即使我们并未在态度或言语上中伤孩子，但此时的我们，也决非最理想的真理传讲者。这些都不是最恰当的教导时刻。

> 上文乔丹的例子让我们看到了父母可以如何呈现基督教文化。只有通过上帝话语的真理，乔丹才能用基督徒的方式，明白和回应所遇到的情况。他的父亲必须通过许多次对话，提供基督徒的价值观与世界观，帮助孩子根据真理来解释与回应生活。如果乔丹的父亲不能及时应用陶塑教育，等乔丹十五岁以后，就无法再期待这样的对话会对乔丹产生任何意义。

我们有个念大学的孩子，暑假里开着家里的车去打零工。一天下午他回到家，车的保险杠被一大捆绳子绑在车后。当然，我很好奇。

"车子怎么了？"

"保险杠掉下来了。"

请注意，这里的主语不是我儿子，而是保险杠。他这么说，好像自己只是个旁观者。

当时的情况好像是他的铅笔掉在车座下，在他想要捡回来的时候，车撞上了防护栏。那天晚上，我的表现好极了，耐心而慈祥。我们家后院的树林里有部零件车，他卸下两部车的保险杠互换，直到天黑无法继续干活才停下。第二天，他开着没保险杠的车去上工了。

下午回家时，他决定要在路上作三定点回转，却把没了保险杠的车尾撞到了山上。所以回家时，车子不但没了保险杠，连车身都被撞凹了。

你可以想象，当车带着新伤旧痕、颠簸着开进车道时，我绝不处于恩典教师的最佳状态。我知道儿子有需要学习的功课——如何避免这一系列连续错误，但我也并没有处在最合适的教导状态。

当时的他听不进教训，充满自卫心，竭力辩解。开始我站在那儿，数落着他有多愚蠢。而他则说，这不是他的错，是铅笔的错、是防护栏的错、是路太窄的错。他越辩解，我就越要证明他没理；我越驳斥、他就越抵制……

惩戒的时候，我们家长无法进行最好的教导。使用上帝的方法陶塑子女心灵，必须与惩戒的时刻分开。

如果我们想在管教的同时进行教导，就会局限我们的焦点，而失掉了大局——教导世界观的机会。我们还会错失教导孩子用清晰的基督徒观点，解释所有生命抉择的机会。

文化能回答很多问题。什么是重要的？什么是有价值的？什么值得你努力争取？什么真理宣告是有根据的？这些事如何塑造生活？我的人际关系该如何构成？什么是我必须持守的人生信念？什么是有趣的？娱乐的功能是什么？我该如何看待自己的外貌？

在管教时，你不可能把所有这些复杂的文化议题，全部带入每一次的对话。你管教所针对的事件，只能局部反映出更大的文化议题。而这些文化议题阐述的《圣经》原则，组成了准确描绘上帝国度的画面。陶塑子女心灵是管教的根基，也为管教提供了框架。

《旧约》实例

《约书亚记》24章，是对陶塑子女心灵重要性的有力说明，你应该很熟悉其中有关家庭的经文："至于我和我家，我们必定侍奉耶和华。"（约24：15）

回溯当时，这是约书亚作为以色列领导人的告别演说。他回顾上帝的作为，提醒以色列人，上帝呼召亚伯拉罕、赐给他们迦南地、把他们从埃及为奴之家领出来、赐下应许之地。神赐给他们城邑居住，是非他们建造的；又吃葡萄园的果子，是非他们栽种的。然后约书亚大声宣告，他和他家必定侍奉耶和华。百姓回答说："我们必侍奉耶和华，因为他是我们的上帝。"（约24：18）

可后来呢？情况糟透了。征服迦南地后的第一代以色列人，不但不知道上帝，也不知道上帝为以色列人所行的大事。（士2：10）

怎么会这样？他们怎么会不知道上帝令红海分开、在旷野赐下吗哪、命磐石出水、倾倒耶利哥的城墙？这究竟是谁失败了？是约书亚？是以色列的祭司？还是先知？

是父亲们失败了！他们没有做到上帝在《申命记》6章呼召他子民要做的事。

陶塑子女心灵需要

家庭是进行陶塑养成教育的首要地点。无论主日学、儿童圣经学校、基督徒夏令营、学校或教会的青少年课程，都不能取代家庭。家是我们清晰呈现基督教文化的重要场所。

> 上帝满有恩典与能力。他能帮助单亲或父母，陶塑子女心灵。我有个儿媳妇，她的母亲就是单亲妈妈。这位亲家母隶属于一间根基深厚的教会，上帝赋予她恩典和洞察力，养育了三个儿女。他们如今都已长大成人，都认识并且爱上帝。

我们的子女，需要基督教文化。现今社会的道德沦丧已波及整个文化领域。娱乐、艺术、音乐、文学、礼仪、运动、工作、消遣等，已全部被大众文化所扭曲，把人心仅存

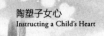

的最后一点基督教文化真理都剥夺了。这种"良心丧尽、放纵私欲"的文化（参见弗4：19），不断教唆着我们的孩子如何看待权威、公正、荣誉、娱乐、责任、服务、性别。使徒保罗在《提摩太后书》中这样写道：

> 你该知道，末世必有危险的日子来到。因为那时人要专顾自己、贪爱钱财、自夸、狂傲、谤讟、违背父母、忘恩负义、心不圣洁、无亲情、不解怨、好说谗言、不能自约、性情凶暴、不爱良善。
>
> （提后3：1-3）

我们正在一个无法脱离而又充满危险的文化环境中养育儿女。文化势力无孔不入地渗入我们的家庭。电玩和娱乐业向孩子提供着有毒的文化。如果我们不能自发地、努力地为孩子营造一个扎根于《圣经》真理的文化环境，大众文化对我们孩子的影响力，将大大超过我们和上帝真理对孩子的影响力。

对于你一无所知的青少年文化，要避免让孩子轻而易举地融入其中。在孩子的卧室里放置个人计算机、游戏机、电视、DVD播放器等，会鼓励他们发展自己的思维模式，从而创造出他们自己的、与你截然不同的文化。在教养孩子上，基督徒应竭力传承文化的价值，而不是促成独立的文化选择。

陶塑子女心灵的呼召

《申命记》第6章，上帝明确呼召父母用陶与塑的教育方式：

> 这是耶和华你们上帝所吩咐教训你们的诫命、
> 律例、典章，使你们在所要过去得为业的地上遵
> 行，好叫你和你子子孙孙一生敬畏耶和华你的上
> 帝，谨守他的一切律例、诫命，就是我所吩咐你
> 的，使你的日子得以长久。以色列啊，你要听，要
> 谨守遵行，使你可以在那流奶与蜜之地得以享福，
> 人数极其增多，正如耶和华你列祖的上帝所应许你
> 的。以色列啊，你要听！耶和华我们上帝是独一的
> 主。你要尽心、尽性、尽力爱耶和华你的上帝。我
> 今日所吩咐你的话都要记在心上，也要殷勤教训你
> 的儿女，无论你坐在家里，行在路上，躺下，起
> 来，都要谈论；也要系在手上为记号，戴在额上为
> 经文；又要写在你房屋的门框上，并你的城门上。
>
> （申6：1-9）

目标

陶塑子女心灵的目标，是要我们、我们的儿女和儿女的儿女，敬畏上帝，遵行他的道，长久享福。

在教养孩子时，只解决眼下、当即的问题是很危险的，这会使我们所有的努力付之东流。因为这会使我们过分注重尽快解决问题，以继续生活下去。

不要只想着生活下去——要想着上帝的国度！因此，我们必须将神的爱和他的道浇灌在六岁孩子的心里。让大国喜

乐的滋味滋养孩子的心田。我们要建立一个全然而美丽的世界观，因我们期望我们的子子孙孙都能跟随上帝。我们所关心的，是五十年后我的子孙会是怎样。

何时何地

何时何地陶塑子女心灵呢？每时每刻。"也要殷勤教训你的儿女，无论你坐在家里，行在路上，躺下，起来，都要谈论。"（申6：7）

"坐在家里"的时间，有正式和非正式两种。

我们家有正式的家庭敬拜时间。每位家庭成员都知道，这是一天中家人聚在一起、诵读上帝话语、研讨《圣经》真理，并一起祷告的时刻。我有幸在一个每天都有敬拜的家庭长大。这是我们家庭生活很重要的一部分，我几乎不记得有哪一天不是从家庭敬拜开始的。

其他"坐在家里"的非正式时间，一样可以教导孩子上帝美好全备的真理。也许只是随意闲聊，上帝的道、上帝看顾与供应的恩典、安慰人心的真理，都是我们谈话的内容——这不是沉闷窒息的，《圣经》的真理像清新微风般，终日吹拂着整个家庭。上帝整个的创造都帮助我们更了解神和他的启示。每一扇门，都提醒着我们基督是门。日出日落、昼夜不息，也提醒着我们上帝的信实（参见创8：22）。

家中也有"躺下"的时刻。我们应该引领孩子在一天结束时，数算这一天上帝所赐的恩典与机会，恳求上帝赦免我们一天所犯下的过错，并祈求上帝赐予我们甜美的睡眠。就寝时间，是我们反省、默想与感谢的紧要时光。

还有"起来"的时刻。我们应当教导孩子，以祷告感恩的心迎接每一天。挑战自己，在堕落的世代中活出上帝的荣耀，拥抱崭新的每一天。对将要来到的日子，要预先做准备。要去思想孩子可能面对的试探，如何利用机会巩固昨日对孩子的教导。一个闹脾气又嘀咕的两岁孩子，可以鼓励他在抱怨的试探一出现时，就从上帝那里寻求希望与帮助（参见腓2：14-16）。如果每天能养成这种习惯，晚上安顿孩子上床、早晨引领孩子迎接每一天，将会令孩子受益终生。

> 有些没有成长于敬拜家庭的年轻父母常常会问，家庭敬拜究竟是什么？其实很简单，就是每天定下一个时间，全家人一起敬拜上帝。晚餐后的时间，对我们家来说最合适。家庭敬拜至少有三样必不可少的元素——唱诗、读经和祷告。有许多饶富创意的好资源，可以帮助你让家庭敬拜成为你家庭生活的一部分。

"行在路上"时也可以进行非正式教导。对现代人而言，这就是开车的时候。如果正好载着一车叽叽喳喳的孩子，我们可以抓住这牧养良机，将话题重新聚焦于如何进一步爱上帝、爱他人。

如果车上只载着一个孩子，我们就可以与他好好谈心。想想这个孩子的需要、他的强项与弱点。我们可以和孩子谈生活、谈如何以上帝启示的美好与他宽容的属性，去面对生

活中所遭遇的苦与乐。

尽量就你所知的，询问孩子为之激动或为之挣扎的事情。如果你不知从何说起，没关系，开口去问。不要把如此宝贵的时间，交给全国公众广播节目、脱口秀节目，或彼此不闻不问。

我并不是说，你要喋喋不休高唱独角戏，而是要为孩子提供一个镜头，让孩子学习如何去解读这个世界。让我们紧握上帝话语的棱镜，去透视日常生活的光景；这样，我们就会看见灿烂而丰富的《圣经》光谱。

有天晚上我们正在外面盖房子，突然风雨骤临。就在我们急速跑过邻家谷仓回家时，一道闪电从天而降，幸好有避雷针，谷仓安然无恙。但闪电耀眼夺目的光亮使我们惊叹。我们立刻谈论起了住在人不能靠近的光里的上帝。记得吗？上帝说闪电听他的吩咐，是他差遣了闪电（参见伯38∶35）。

上帝创造天地，使他的荣耀得以彰显。他创造的世界，有石头、建筑，沙、路、小径、河流、海、船、云、雨、风暴、雪、闪电、高山、沙漠、幽谷、熊、幼兽、蛇、牛、羊、树、草、花、食物、水、睡的、醒的、疾病、眼泪、健康、力量、手臂、手、脚、眼、耳、头、身体、生命、死亡……上帝的创造是为了让我们看到他的荣耀。所有的创造都指向上帝。所以，每次对话都是个机会，让我们明白，上帝的话语和道路是我们的一切。

我们也通过家庭装饰来陶塑子女心灵。摩西曾说："（上帝的话语）又要写在你房屋的门框上，并你的城门上。"（申6：9）此处的重点是，具有清晰基督教文化特质的思考方式和互动关系，必须全然浸透我们的家庭生活。从而我们的家也能传递出"在上帝恩典与真理光中喜乐生活"的信息。

一位朋友有机会自行设计家园。他建造了许多阳光充足、空间宽大的公用空间，来供家庭起居活动。而卧室呢，既不舒适又狭小，只够换衣服和睡觉。这种空间利用方式清楚表明了"我们是个家庭，而不是合用一个屋檐的个人"。艺术品与摆饰都能成为彰显上帝荣耀的途径。

我们对上帝的爱不可或缺

《申命记》6章所说的真理，并不只是口头上的传递。要使上帝的真理成为孩子的生命，父母必须率先活出上帝的真理。"以色列啊，你要听！耶和华我们上帝是独一的主。你要尽心、尽性、尽力爱耶和华你的上帝。"（申6：4-5）

对上帝的爱，是我们一切言语教导的根基。如果我们自己没先被上帝的名感动，如何用上帝的名去感动孩子呢？如果上帝的尊荣与慈爱得着我们的心，那对上帝油然而生的爱，也会让孩子对上帝大而可畏的荣耀铭记于心。如果上帝的话语是我们的珍爱，它也会成为孩子的至宝。我们必须先对上帝敬畏赞叹，因为我们无法给予孩子我们所没有的东西。

《诗篇》34篇很好地诠释了这点。"你们要尝尝主恩的滋味，便知道他是美善，投靠他的人有福了！"（诗34：8）这是以神为乐的绝佳描述。在进一步赞叹上帝的美善与供应之后，经文说道："众弟子阿，你们当来听我的话。我要将敬畏耶和华的道教训你们。"（诗34：11）尝过主恩美善滋味的人，就会有能力去教导敬畏上帝。

"我今日所吩咐你的话都要记在心上，也要殷勤教训你的儿女。"（申6：6-7）我们总将最宝贵和珍惜的事物记在心上。上帝的道不只是观念和思想，更是我们生命的意义。

约拿单·爱德华兹的祖父理查德·爱德华兹就被认为是一个"与主同行的人，不只是相信神，更是以神为乐"。许多人声称信上帝，但以神为乐的人却少而又少。一个真实以神为乐的生命，比许多的话语更有能力。

《申命记》4章9节警戒道："你只要谨慎、殷勤保守你的心灵，免得忘记你亲眼所看见的事，又免得你一生这事离开你的心。"我们必须定意，时时谨记上帝的怜悯。上帝要他的子民，将他存在的真实、他的属性和他的伟大救赎铭刻于心。这些命令指出实际的危险——我们时常忘记这些事。

在孩子面前呈现正确的图像

我们必须常常将上帝和他伟大的救赎，放在孩子面前。我们与上帝亲密、喜乐的关系，以神为乐的生活，对上帝怜悯与慈爱的感恩，都是将真理铭刻于孩子心版上的基础。请记住，陶塑子女心灵的基础，不只是概念上的，更是灵性上的。

帮助孩子正确诠释生命

当上帝的真理成为我们最大的喜乐时，我们就能帮助孩子从合乎《圣经》的角度去诠释生命。

以下是需要让孩子铭记于心的真理：

• 人的生命不在乎家道丰富。也不在乎新买的牛仔裤、新型iPod、新车、个人才能或令人兴奋、心跳的经历。

• 我们需要与智慧同行、委身于上帝良善的道、不按照自己的意思行事。

• 充满祷告和敬虔引导的一生，是我们的渴望。

• 我们的目标是：做基于原则而非基于流行的选择，愿为得着永生赏赐，放弃属地短暂的享乐。

• 上帝所赐权柄的架构，是个祝福。对一个八岁的孩子来说，这意味着他可以信任母亲要他八点上床休息的决定。孩子在还需要父母辅导时，却坚持己见，会使上帝对他的训练过程受阻。

• 爱父母，是来自上帝的祝福。忠实于父母的教导，就是感谢上帝的表示。大众文化鼓励年轻人对朋友忠实、而非对父母忠诚，这是个骗人的假象。

• 心，是生命的泉源。凡是让孩子挂心的事——愿望、野心、欲求、梦想、快乐和担心——都在决定着孩子生活的方向。

• 人心比万物都诡诈（参见耶17：9）。我们的心会说谎。孩子（和父母）很容易陷入网罗，所以需要他人的辅导、指教与喂养。

• 友谊的目的是为了荣耀上帝、彼此勉励、表达爱与同情，并获得鼓励去做正确的事。

• 《圣经》中有个种与收的原则，我们需要培养这种收割的心态。相信并顺服上帝的孩子，会头戴美好祝福的冠冕。当然，真理的应用结果也有两种可能。对于懒惰不干活的孩子，就必须收获他所种的结果，因为上帝是轻慢不得的。

上述每一项内容，都有一个与之相反的"文化谎言"版本。我们的孩子天天面对这类谎言。所以，我们必须将这些真理铭刻在孩子的心上。

最后要提的是，陶塑子女心灵为我们在家中奉行上帝旨意，提供了一个救赎性的框架。下述经文中，摩西在指示父母如何回答孩子提问时，他预见了每个基督化家庭会碰到的问题。最终，我们的孩子都会问，为什么我们的生活围绕着以神为乐、向他人见证神的美善运行呢？

> 日后，你的儿子问你说："耶和华我们上帝吩咐你们的这些法度、律例、典章，是什么意思呢？"你就告诉你的儿子说："我们在埃及作过法老的奴仆，耶和华用大能的手将我们从埃及领出来……将我们从那里领出来，要领我们进入他向我们列祖起誓应许之地，把这地赐给我们。"
>
> （申6：20-23）

这里的问题是，"为什么我们要敬拜和侍奉上帝呢？为什么我们的选择，都跟周围的人不一样呢？"

摩西的回答是："上帝拯救我们的家，我们原本会被留在埃及，但上帝却救赎了我们。我们愿意做出不一样的选择，因为我们以主为乐、对他忠诚。上帝对我们太好了，除他以外，我们一无所求。因为我们知道，人心深处最大的喜乐，就在认识这位永爱的上帝。"

《士师记》第2章里，以色列人失败的直接原因就是，他们未能遵行上帝在《申命记》6章呼召他们去做的——为孩子提供陶塑心灵的教育。结果呢？整整一代人长成，竟完全不认识上帝，忘记他为他子民所成就的伟大作为。

我们如此遵行的盼望

我们无法通过教导或管教使孩子成为基督徒，只有圣灵可以做到。我们最终的盼望，并不是凡事都做得完美无缺。因为我们和孩子一样，都是堕落的人，我们每一天都被提醒着，自己很失败，需要上帝的恩典。我们教导孩子的盼望在于，福音本是上帝的大能，要救一切相信的人（参见罗1：16）。在上帝慈爱的照管下，孩子每天都需要上帝的恩典去饶恕，需要上帝的大能帮助他们去做对的事。我们盼望福音这上帝的大能，成为孩子生命中的救赎，就像他救赎我们一样。

或许这一章提醒了你一些所忽略的事。你或许会问：

"我怎么做这一切呢？"请记住，只有靠着耶稣基督的恩典与大能，你才能完成上帝对你的呼召。靠着那加给你力量的，凡事都能做（参见腓4：13）。

接下来的几章，我们将要探讨一系列必须教导孩子的主题。

第二篇 | 陶塑子女心灵的细则

陶塑子女心
Instructing a Child's Heart

陶塑子女心灵的内容

接下来八章有关陶塑子女心灵的内容，是建立合乎《圣经》的世界观的重要基础。在探讨三个陶塑子女心灵的基本原则之后，我们将审视心的重要性、种与收、上帝设置的权威、上帝的荣耀、智慧与愚昧、在基督里完全，以及教会的重要性。这些都是拯救生命的陶塑教育。

陶塑子女心灵，为孩子如何看待自己与世界，提供了一个合乎《圣经》的方式。比方说，当我们教年幼的孩子不可打人，就是设立了一种行为准则。但是不能打人的理由，远比"这样不好"，或"如果你被别人打会怎样"要深刻得多。我们要让孩子知道，每个人都是按上帝的形象造的，所以每个孩子都有他的价值与尊严。我们要赋予孩子的，是他们能随之成长的重要真理，而不是长大后就被随手丢弃的肤浅说明。

我们必须把自己看成是真理的推销员。每个经历、每次对话，都是个机会，可以让孩子看到上帝美善与全备的道。随着孩子长成，我们的目标不是不计代价地继续操控，而是感化劝服。影响与感化，永远胜于管教。

第四章　陶塑子女心灵的三个基本原则

我们在教会中常用的词汇，对孩子而言，可能很难理解。泰德小时候就曾为在玉米田里宣教的宣教士们祷告。出生于平坦空旷的俄亥俄州西北部的他，对玉米田很熟悉，所以当父母在为海外的禾场祷告时，泰德就把这理解为宣教士们跋涉过一块块玉米田，寻找失丧的灵魂。每个人都对这个误解感到好笑，也意识到"海外"这个概念，是五岁的孩子很难理解的。

父母亲也常在属灵概念上犯同样的错误。类似这样的词汇：称义、成圣、罪的奴仆、死在过犯中、远离上帝、倚靠耶稣、靠圣灵而生、靠着基督、把罪治死、在基督里完全、信心、亲近神、敬拜等，对孩子而言都像神秘的宗教术语。他们只能揣测其意义，如果猜不出来就只好不知所措了。

一个五岁大的女孩，知道她母亲病得很严重，在绝望和激动中，画了张布满斑马纹的耶稣像，送到医院母亲的病房。因为她清楚记得,在领圣餐时听到的,"因他受的鞭伤,我们得医治。"女孩深深相信这些,但真理被她误解了。(注:在英语中,斑马纹与鞭伤可以是同一个单词。)

父母所期待孩子达到的态度与行为,很大程度上依赖于孩子的属灵认知;然而,孩子通常并不能理解,包含在我们期望中的属灵意义。孩子对福音的理解,首先是通过对世界天真、有形的感触,进而获得观念互动的抽象能力,这是一个过程。我们不能期待在小孩身上,长了个大人的脑袋。我们必须用温和、渐进的方式,去教导这些属灵的概念。

如何用孩子明白的方式来分享《圣经》概念

不要把真实《圣经》历史与幻想故事混淆

有一次,我们看到非常令人震惊的一幕。在一个基督教学校的舞台剧上,他们把约拿不顺服上帝的故事,演成他去造访鹅妈妈仙境,鹅妈妈尝试给予他属灵的指引,并劝他返回尼尼微城。五六岁的小孩看完以后,真被搞糊涂了。他们分不清楚,什么是上帝介入他子民生活所行的神迹,什么是鹅妈妈童话故事。我们一定要为年幼的孩子解开误会,要选择大众娱乐角色之外的形式,为孩子讲解属灵的观念。

不要把福音的大能变小了

如果我们"把《圣经》缩小去让孩子理解"的话,孩子很快就会因为长大,而不再热爱或不好奇《圣经》的故事了。当孩子意识到《圣经》不同于其他任何文学作品时，他们对《圣经》的了解也会日益加深。因为神的话是真理，是生命（参见申32：45–47）。

让孩子用触觉与肢体去认识《圣经》

我记得泰德站在厨房餐桌上，试图说明巨人歌利亚的身高与体型。他量出巨人枪杆的长度，并画在地板上，然后让孩子们用脚步去测量。他还让孩子提着石头，来感受歌利亚穿着铠甲提着武器，却能轻松应战。然后，泰德再用大卫的尺寸与装备来作对比。在孩子们睁大眼睛，想象自己穿着大卫的凉鞋时，大卫"信靠上帝大能"的信心变得具体而真实。所以下次当我们说要"信靠上帝"时，这句话就有了它的实质内容。

我记得在一次长途跋涉前，我们全家一起灵修祷告，我们把自己当成亚伯拉罕、撒拉和家人。泰德说我们绝不回头，虽然他不知道我们将往哪里去，或沿途将发生什么事，但他深信上帝会带领与供应我们一切。我们的这趟旅程，成为以信心顺服上帝，并且相信上帝的应许必与我们同在的真实写照。通过激发孩子对天父单纯信心的方式，来教导这些《圣经》观念，让孩子看到至高掌权的天父上帝，掌管每个孩子的脚步。

我们还假扮自己是《但以理书》中杜拉平原上的那三个犹大少年，站在尼布甲尼撒王所造六十肘高的金像下面。我们想象着，国王威胁我们，如果不敬拜金像，就要被丢进烈火的窑中。这故事诠释了对上帝的爱、忠心与真实的属灵勇气。我们向孩子解说那三个少年的恐惧，在面对尼布甲尼撒王的暴怒与威胁时，他们长袍下的膝盖定在簌簌发抖。但这三位少年的信心不同于一般人，不是凭着血气面对严酷挑战。他们相信上帝必然拯救；即或不然，也绝不跪拜金像。对他们而言，永恒的真实远胜于短暂的存留。多么精彩的实例，让孩子感受到要为永恒而活，而不是为当下而活。

圣灵在我们心中的工作，是我们内在属灵的标尺。父母无法制造圣灵之工，但却能通过提供必要的陶塑教育，让孩子将宗教语言与每天的生活连结起来。

有几个基本原则，是我们必须掌握以传承给孩子的。某些时候，我们必须为孩子解密，使他们不致陷于基督教术语的泥沼中。对于清楚明白的概念，我们则需要时常教导孩子在日常生活中运用。

接下来几章将探讨我们信仰的基本概念，并针对如何向孩子沟通这些真理，为父母提供一些帮助。

第五章　透视行为背后的心思意念

所罗门在《箴言》4章23节中，描述了心的重要性：
"你要保守你心，胜过保守一切，因为一生的果效，是由心
发出。"我们的心，就像个自涌泉。一切的希望、梦想和渴
求都从心而来；每个对生命意义的追求，也都源于心。我们
行为的根源是心——而不是环境或是他人。充满着热情与渴
望的心，是生命的泉源。

最近美商电器行，在减价促销一种火柴盒大小的遥
控汽车。"这真是孙儿们来祖父家玩的理想玩具。"我
想。接下来那周，当他们都来我家聚餐时，我拿出这台
遥控小车让孩子们玩。六个小孩、一部车，我这个祖父
到底在想什么？

几分钟后，我发现有一个孙儿追着他妹妹哀求说："你
记得耶稣说我们应该要分享吗？记得耶稣说，我们愿意人怎
么待我们，我们也要怎样待人吗？你应该有爱心，让我玩一

下嘛。"

这些话都是对的。小孙儿并没有绊倒他妹妹，然后抢走遥控器，但即使是最外行的人都看得出来，这个四岁小娃的所作所为，并不是真正关心他妹妹的属灵光景，他并不在意妹妹的行为是否像耶稣。他只是在追求自己心里想要的。

每位父母都会问："你为什么这样做？"得到的答案却是，小孩耸着肩说："我不知道。"孩子通常都是不经思索地直接反应，并不会意识到自己的动机。

心的行动

我们总把心看成是情感器官，头脑是认知器官，但《圣经》并没有支持这种观点。生活中我们所做的决定与选择，常源自于我们所爱和所想的，《圣经》把这个源头归于"心"。因此，我们以为是认知的活动，其实是心的活动。上帝的话语中，有超过750处论到心。《圣经》中提到，心的隐藏、分辨、指示、默想、沉思、理解、规划、谋算、回想、考虑、权衡等。虽然我们知道科学对此的定义，是头脑在处理与组织信息，然而，却是心在引导这些活动。

敬拜源自于心

是心，在爱神、向神祈求、以神为乐、转向神、寻求神、相信神，并降服于神。"以色列啊，现在耶和华你上帝向你所要的是什么呢？只要你敬畏耶和华你的上帝，遵行他的道，爱他，尽心尽性侍奉他。"（申10：12）摩西在这里问了个很大的问题——上帝向我们要的是什么？上帝要我们向他全心的奉献。

我们将《箴言》3章中熟知的经句教给孩子，"你要专心仰赖耶和华，不可倚靠自己的聪明，在你一切所行的事上，都要认定他，他必指引你的路。"（箴3：5-6）许多人都会在牧师辅导他们的时候说："在这种情况下，我实在难以相信上帝。"我总是反问："那么，你相信谁呢？"当我们不再信靠上帝时，我们并没有停止不去相信，我们只是转而去相信别的了，或者相信某位朋友，或者相信自己。

情感的活动源自于心

心会痛、珍惜、渴想、绝望或鄙视。心也会悲伤、恨、害怕、哀悼、爱、贪求、狂怒、愤慨、堕落、焦虑或悸动。神在《旧约》中所应许的一条新的约，就是心的转变。"我要使他们有合一的心，也要将新灵放在他们里面，又从他们肉体中除掉石心，赐给他们肉心，使他们顺从我的律例，谨守遵行我的典章。他们要作我的子民，我要作他们的上帝。"（结11：19-20）

我们用心去夸耀、渴望、示弱、原谅、给予或隐藏。心也可以打击、回应、诽谤、偷窃或迷失。

心是人成为现有模样的理由

记得撒母耳到伯利恒去膏以色列新王的故事吗？耶西的

儿子以利押，被带到先知的面前。他英俊高大，风度翩翩，看起来像是战士跟随的领袖。撒母耳想："耶和华的受膏者必定在他面前。"（撒上16：6）

"耶和华却对撒母耳说：'不要看他的外貌和他身材高大，我不拣选他，因为耶和华不像人看人，人是看外貌，耶和华是看内心。'"（撒上16：7）就像撒母耳一样，我们也关注人的外貌。我们花很多时间在外表上，但上帝看中的是内心。除非我们的孩子认识到，心是主导生命的一切，否则他们永远不能正确解读生命。

《圣经》对人心的形容表述是很令人震惊的。对心的各样描述包括：犯奸淫的、极端痛苦的、傲慢自大的、偏离正道的、充满苦毒的、无可指责的、被摧毁的、破碎的、无情的、受割礼的、痛悔的、压碎的、暗昧的、麻木的、虚假的、受蒙骗的、专心的、不忠的、嫉妒的、邪恶的、昏厥的、忠贞的、遥远的、害怕的、愚蠢的、感谢的、快乐的、辛苦的、高傲的、谦虚的、疯狂的、恶毒的、顽固的、堕落的、骄傲的、纯洁的、叛逆的、喜乐的、易感的、公正的、病态的、真诚的、罪恶的、坚定的、不安的、无情的、未受割礼的、正直的、神秘的、疲倦的、恶劣的、有智慧的、受伤的。难怪《圣经》上说，心里所充满的，口里就说出来。

心是耶稣传道中所强调的

主耶稣基督传道时，心是他主要强调的重点。登山宝训

的八福，提到心的重要性。"清心的人有福了，因为他们必得见上帝。"（太5：8）

我们所珍爱的东西，就占据着我们的心。"因为你的财宝在哪里，你的心也在那里。"（太6：21）

耶稣在《马太福音》5章20节说："我告诉你们，你们的义若不胜于文士和法利赛人的义，断不能进天国。"法利赛人的义在行为上，但耶稣看重的是内心。

杀人并不是纯粹的外在行为，"只是我告诉你们：凡向弟兄动怒的，难免受审判……凡骂弟兄是魔利的，难免地狱的火。"（太5：22）

耶稣说到奸淫时，告诉我们，只要心中动了淫念，就已经犯了诫命，"只是我告诉你们：凡看见妇女就动淫念的，这人心里已经与她犯奸淫了。"（太5：28）在所有的教导中，耶稣都让我们看到心的重要性。

《马太福音》15章，法利赛人指控耶稣的门徒犯了古人的遗传，因为吃饭时他们不洗手。耶稣指责他们说："这百姓用嘴唇尊敬我，心却远离我，他们将人的吩咐当作道理教导人，所以拜我也是枉然。"（太15：8-9）

孩子与以心为中心的必要性

能认识内心的孩子，就能认识自己与他人。"因为从里面，就是从人心里发出恶念、苟合、偷盗、凶杀、奸淫、贪婪、邪恶、诡诈、淫荡、嫉妒、谤讟、骄傲、狂妄。这一切

的恶都是从里面出来，且能污秽人（孩子）。"（可7：21-
23）我们从孩子身上也看到这些事。

你曾在自己家里看见过贪婪吗？特别是在分糖果的时候。看见过欺骗吗？多么令人吃惊不是吗？我们的小孩，也会用仿佛是对的话语来误导你。

"记得带书包了吗？"

"是。"

"请拿来给我，让我们一起看看，有什么功课要做。"

"不行，我把它留在学校的衣物柜了。"

"我想，你刚说你记得的啊。"

"我是记得，在坐校车回家的路上，我想'喔不，我把书包留在学校了。'"

孩子当然明白我问话的意图，他却用一种听来没错、其实却是取巧的方式，来造成我的错觉。

妒忌呢？你在家里见过妒忌吗？"爸爸，这不公平，他都跟你去沃尔玛超市三次了，我却只有一次，这不公平。"

中伤呢？我的孩子，曾经到我面前彼此造谣中伤。

"爸爸，哥哥对我很坏……"

"你为什么要告诉我这些呢？你是想和我一起为他祷告吗？我相信他能从我们的祷告中得益处。或者，你是希望我去骂他？"

邪恶的念头、偷窃、恶意、淫荡、傲慢和愚蠢，我们常常在孩子身上看到这一切，我们会问："他从哪儿学来这些？"而《圣经》告诉我们，这是从心里出来的。

对待孩子心思的正确方法

在《路加福音》6章，耶稣提到一个树的比喻。"因为，没有好树结坏果子，也没有坏树结好果子。"（路6：43）对树的最终检测，在于它结的果子。结好果子的是好树；结坏果子的是坏树。耶稣继续说："凡树木看果子，就可以认出它来。人不是从荆棘上摘无花果，也不是从蒺藜里摘葡萄。"（路6：44）

请注意听耶稣对这个真理的运用，"善人从他心里所存的善，就发出善来；恶人从他心里所存的恶，就发出恶来。因为心里所充满的，口里就说出来。"（路6：45）

我的兄弟保罗曾用下面的例子来说明：

> 假设在我家后院有棵苹果树，每年都开花结果，但结出的果子又干又瘪、又黄又瘦。几年后，我觉得这实在是太愚蠢了，有苹果树，却没有苹果可以吃。我决定，必须做点什么来"修理"一下苹果树。一个星期六下午，你从窗口看到我带着树枝剪、钉枪、楼梯和两桶漂亮的红苹果进入后院。你看到我小心翼翼摘下所有的坏苹果，再把好苹果钉在树枝上。你跑出来问我在做什么，而我骄傲地回答说："我终于修理好我家的苹果树了。"

这是个绝佳的例子，我们不就想要这样去改变自己的孩子吗？我们只注重孩子的行为，却忽略了行为背后的心思意念。我们尝试去修理苹果（行为），却没有对付树（心）本

陶塑子女心
Instructing a Child's Heart

身的根本问题。

假设两个孩子正在为玩具争吵，我将如何处理呢？一时之间，我压根忘了所有心的问题，而专注于纠正他们的行为：

"好，是谁先拿到的？"

想一想这个问题，它奖励了先拿到玩具的那个孩子，却忽略了两个孩子心中都涌现出来的自私。《圣经》难道有提过先拿到玩具的孩子就可以免除使人和睦的责任吗？"谁先拿到玩具"这样的问题，或许可以暂时中止争端，却没能对付争抢玩具所暴露出来的以自我为中心的问题。

或者你会贿赂孩子。"你看冰箱上已经有十五张奖励贴纸了，再拿五张，我们就可以去吃冰淇淋了。如果你今天表现特别好，就可以拿到五张贴纸。"反之，你会用惩戒来威胁孩子。

这些都是试图通过控制与束缚来改变孩子行为的做法，却都没能对付心的问题。这就如同期望从被污染的泉源中，涌出敬虔的行为来。不愿分享玩具的孩子，已经反映出他的心偏离了正道，至少显示出他只爱自己。

再回到苹果树的比喻，那些被钉在树上的苹果会怎么样呢？会腐烂，因为它们没有被接在供应生命汁液的苹果树上。行为主义可以使我们的孩子有一时的良好表现，但最终仍会回复原状，因为行为是内心的自然表露。

假如我们能够藉着行为主义做出好的行为，而无须挑战邪恶行为背后败坏的心，我们怎么称呼这种改变呢？这岂不

·58·

正是耶稣谴责法利赛人的："你们洗净杯盘的外面，里面却盛满了勒索和放荡……你们好像粉饰的坟墓，外面好看，里面却装满了死人的骨头和一切的污秽。"（太23：25, 27）

夹在上述两节经文中的，正是基督洞察人心的话语，"你们这瞎眼的法利赛人，先洗净杯盘的里面，好叫外面也干净了。"（太23：26）耶稣说，行为跟随着心。法利赛人是形式主义者。耶稣洞彻其行，"他们一切所作的事都是要叫人看见。"（太23：5）

《圣经》向我们提供了帮助孩子认识心的重要性的所有范畴，这种认知会让孩子具备对动机的自我觉察，因而认识到自己需要恩典。

> 有一个很好的《圣经》学习活动，就是和孩子一起制作一本有关心的真理的笔记本。孩子时时需要这些真理在手边。如果你的孩子已经上学，可以给他们一本螺旋装订笔记本，在封面上进行一些剪贴，并把有关心的真理记在里面。

心的动机

认识心的动机

正如我们在前面所见，心是动机的源头。我们可以这样理解，行为包含了时间（when）、动作（what）和理由（why）。时间就是促成行为发生的处境，动作就是我们所

说所做的事，而理由就是我们行为的动机。

试想我开车回家，看到汽车道上停了辆自行车，我必须下车挪开它。我心里恼火，进门就找骑这辆车的孩子。

如果这时您问我："泰德·特里普先生，你为什么这么生气呢？"

我大概会说："因为这孩子总是不听话，把自行车挡在车道上。"

其实我生气的理由并不是车道上的车，而是车被放在那儿的时间。这时间就是我勃然大怒的处境，而我生气的理由则来自于内在的动机——心的态度。我讨厌不方便。我行为的动机，其实是希望我的旨意行在地上，如同上帝的旨意行在天上一样。

《雅各书》4章作了透彻的描述："你们中间的争战、斗殴，是从哪里来的呢？不是从你们百体中战斗之私欲来的吗？你们贪恋，还是得不着。"（雅4：1–2）争斗吵闹的产生，并不是因为缺乏解决冲突的技巧，也不是因为那些激怒别人的人，而是来自于心里争斗的私欲。我的私欲，在我的内心做主。

行为从心开始

我们的欲望，并不一定都是坏的。父亲希望儿子不要把自行车挡在车道上，也不是错的。但这也可能发展成一种不恰当的欲望。如果我因着自己的欲望，变得不善良、不慈爱，那就算是不恰当的欲求了。

《圣经》中用了许多描述来捕捉心的动机。陶塑子女心灵帮助孩子认识行为源于心的态度。教导孩子，不敬虔的行为出自不敬虔的心；而敬虔的行为出自敬虔的心。下述列表罗列了部分不敬虔的心态和与之对应的敬虔的心态。

不敬虔的心态	敬虔的心态
报复	交托上帝
害怕人	敬畏上帝
骄傲	谦卑
爱自己	爱人
自我保护	奉献生命
惧怕	完全的爱
贪婪	慷慨
妒忌	宽仁
恨	爱
怨恨	饶恕
讨人的喜悦	讨上帝的喜悦
焦虑恐惧	平安知足
叛逆	顺服

　　上述列表并不详尽，只是列举了《圣经》指出的部分心态。这些来自于心的动机，是造成孩子彼此冲突的原因。父母总试图寻求改变行为的快捷方式，而忽略了心的问题。再重述要点——处境就是时间（when），所说所做就是动作（what），而动机就是理由（why）。

心需要恩典

罪的问题，远甚于说错话或做错事，恩典是解决罪的唯一途径。因为我们的问题是内在的，无法用"整顿一下个人行为"来纠正罪，只有靠着恩典，才能带来心的转变。

如果心的问题得到关注，孩子就无法忽视他们迫切需要恩典的事实。如果他们认清自己的问题远不止行为上的，他们就不会肤浅地看待基督徒的生命。

孩子和我们有一样的需要。我们需要《新约》应许的恩典，进行换心手术。"我必用清水洒在你们身上，你们就洁净了。我要洁净你们，使你们脱离一切的污秽，弃掉一切的偶像。"（结36：25）我们污秽的思想与动机，让我们看到，自己是多么需要被洁净。

26节又接着说："我也要赐给你们一个新心，将新灵放在你们里面，又从你们的肉体中除掉石心，赐给你们肉心。"这是什么意思呢？恩典带来彻底的内在改变。从你们的肉体中除掉石心，赐给你们肉心。我们的孩子和我们都需要完全而彻底的改变。如果孩子原本已对某个玩具不在意了，但却因他兄弟喜欢玩，就再度去抢夺它，这就是石心的表现。坚硬的石心只有恩典才能熔化。藉由奖励或惩戒对行为的操控，永远无法感化石心。唯有恩典，能改变我们的心。多令人鼓舞啊！我们只需要定睛于上帝的工作就好。

当内在需要改变的同时，我们还需要获得能力。上帝应许说："我必将我的灵放在你们里面，使你们顺从我的律例，谨守遵行我的典章。"（结36：27）离开了恩典，即使我们知道应该做什么，却也行不出来。我们确信，上帝的恩典能让我们重新得力。

《以西结书》36章，讲述了我们在上帝面前需要的一切：饶恕与洁净、彻底的内在改变、从神得力。孩子越发认识内心的黑暗，就越能了解自己对恩典的迫切需要。

心需要他人

当我们帮助孩子认识心的诡诈时，也给了他们一个可能选择独立的机会。独立会使孩子与最爱他们的人隔绝，而这些人是他与罪争战时的最佳盟友，所以我们要教导孩子，他们需要父母的保护与指引。

《希伯来书》3章12-13节很好地诠释了这个需要："弟兄们，你们要谨慎，免得你们中间或有人存着不信的恶心，把永生上帝离弃了。总要趁着还有今日，天天彼此相劝，免得你们中间有人被罪迷惑，心里就刚硬了。"

什么很危险？就是作者警戒的——不信的恶心，它会带人离弃上帝。

那什么是帮助呢？就是**天天彼此相劝**。能够了解自己内心的智慧之子，会乐意接受父母的帮助，一起来保守自己的心。因为再没有人比父母更了解孩子，父母总是全心全意为孩子好。

我们和我们的孩子，需要一起这样做多久呢？**总要趁着还有今日**——只要我们还站在天国的这一边。

免得你们中间有人被罪迷惑，心里就刚硬了。罪常常欺骗我们说："这么点小小的罪没关系的。你尽可享用这无害轻微的罪，这不会影响你的属灵生命。"罪会蒙蔽欺骗你的心，让它对上帝刚硬。

有时候苦难会让孩子懂得，要珍惜他们"爱管闲事"的父母。有一位朋友的女儿订婚了，这对年轻人爱上帝，并且愿意过荣耀上帝的生活。一天，他们来到女孩父母面前认罪，因为女孩怀孕了。他们承认，他们两人获得了过于自己能够承受的自由空间，很长时间没有受到查询和督责，从而犯下了错误。

上帝有丰盛的恩典、慈爱与赦免。可惜这对年轻人与他们的父母学得太迟，不知道儿女需要父母的介入，以获得规劝与辅导。

牧养孩子的心

"弟兄们，若有人偶然被过犯所胜，你们属灵的人就当用温柔的心把他挽回过来，又当自己小心，恐怕也被引诱。"（加6：1）

假设你的孩子在学校表现不好，你与他一起祷告，他也答应今天在学校要守规矩。可当天下午，你就接到让人忧心的电话，孩子又捣蛋了。《加拉太书》6章给了我们清楚的指示，如何去牧养孩子的心。

弟兄们，若有人偶然被过犯所胜……孩子很容易陷入网罗。他的心，就跟我们一样，易受引诱。其实孩子并不会一早起来就对自己说："让我瞧瞧，今天可以做点什么，让爸妈受窘、受辱、丢脸，又备受挫折呢？"

那到底怎么回事？他为什么又犯错呢？如果我们明白心，就能明白问题出在哪儿。孩子会陷入网罗，是因为他心中的偶像。他的骄傲、怒气、只爱自己和叛逆绑住了他，使他被罪缠绕。

父母介入的目标是修复

你们属灵的人就当用温柔的心把他挽回过来。你可能忍不住想要对孩子的错误发火，但孩子所需要的是被重新建立，而你的角色，是带给他鼓励。孩子需要知道：转向基督，就有恩典、赦免与慈爱。

试想，如果我有一栋维多利亚式的老房子需要整修。我可以把整栋拆掉原址重建，也可以保留原屋整理修复。如果我选择进行修复，那我使用的工具会和拆毁房屋所用的很不相同。父母，尤其是青少年的父母，常常使用拆屋的重砸锤，愤怒咆哮、猛烈抨击。他们的本意或许是修复，但经过重砸锤处理的房屋，就剩不下什么可以被重建了。

如果我们的目标是修复，那需要携带什么工具呢？我们要带着《圣经》的知识、对诡诈人心的洞察力、同情的理解、对福音大能与恩典的盼望。我们要在爱中对陷在罪里的孩子讲说真理。我们要用上帝的真光，照亮这混乱的景况。我们希望孩子知道，有位全能的上帝，他能拯救陷入网罗的人。

修复需要温柔的心

你们属灵的人就当用温柔的心，把他挽回过来。有年冬天，我在暴风雪中出了场车祸。感谢上帝的恩典，因着气囊和良好的引擎，我没有丧命，只有些瘀青与擦伤。急救人员十分温柔、仁慈。他们没有责备我害得他们冒着风雪出勤，也没有把我狠狠丢进救护车后面。他们为什么如此温和？因为他们的目的是修复我。温柔的心，能促进孩子心灵的重建。

修复需要谦卑

《加拉太书》第6章，让我们学习谦卑。虽然没有出现"谦卑"的字眼，但意思十分明显。**又当自己小心，恐怕也被引诱。**有什么诱惑是孩子会陷入，而我们从未失脚的呢？他们不友善、打断别人的话、暴怒、傲慢、骗人？难道我们未曾被这些罪掳获吗？修复是父母与孩子并肩站立的良好时机，父母可以谦卑下来，感同身受孩子的失败，并带领孩子来到乐意拯救罪人的上帝面前，寻求他大能大力的帮助。

所罗门在献上圣殿时这样祷告："愿耶和华我们的上帝与我们同在，像与我们列祖同在一样，不撇下我们，不丢弃我们，使我们的心归向他，遵行他的道，谨守他吩咐我们列祖的诫命、律例、典章。"（王上8：57-58）

第六章　种与收的《圣经》原则

　　《圣经》里有许多上帝所设计的种与收的因果原则的教导，这是上帝掌管一切与上帝子民成圣过程的实证。在圣经历史的预言和叙述中，充满了各样对种与收原则的描述。使徒书信也记录了大量有关种与收的劝诫与例证。

　　我们最熟悉的经节，或许就是《加拉太书》6章7-8节："不要自欺，上帝是轻慢不得的。人种的是什么，收的也是什么。顺着情欲撒种的，必从情欲收败坏；顺着圣灵撒种的，必从圣灵收永生。"

　　我们教导、管教、归正孩子的首要目标是心的改变，而不是行为的改变，这将深刻影响我们如何看待结果。结果并不游离在牧养过程之外——而是其中至关重要的一部分！但孩子必须学习的是上帝所设计的种与收因果原则，而不是世界所教导的。

　　我们训练孩子的目标是触及孩子的心。我们对结果的运

用并不仅仅是为了塑造行为。行为主义（行为的修正）是藉由一系列奖励与惩戒来限制与控管行为，这有时被称为"胡萝卜与大棒"的奖惩办法。行为主义导致的结果可能是独裁（像盖世太保）、威胁、操控、人品贿赂或情感上的讨好。通过提供外在鼓励或压制，或诉诸孩子的内疚感和对不被赞同的畏惧来改变行为。这些都是改变行为的有力工具，却抛弃了孩子的心。

与之相反，《圣经》的纠正、管教与激励，是依据《圣经》永恒的真理来教导心并且指引行为。上帝在意的是我们行为根源的心，所以当我们训练与管教孩子、鼓励孩子时刻遵从上帝律法时，孩子心灵的改变是我们最为关注的。

基督徒父母在教养孩子时，可能混淆上帝与自己的角色。我们用上帝的标准——他的律法，要求孩子去持守。当我们无法触及孩子的内心去改变他们时，我们常常试图用文化的行为主义，来取代上帝话语的能力和圣灵在孩子心中的工作。而文化依附于行为主义，因为它本身没有任何内在更新的教导。

你或许会问："结果在这里扮演什么角色呢？我可以在牧养孩子内心的同时保留行为的后果吗？这是否会让孩子困惑呢？既然心是战场，那又何必纠正外在的行为呢？"《圣经》中描述的种与收原则，可以帮助我们在管教过程中了解并实践上帝对结果的计划。我们必须自己先了解，再去教导孩子。孩子必须把上帝的律法和父母的管教，视为帮助他们远离愚蠢与毁灭的祝福和保守。

没有内心改变的异象，你的管教、纠正、激励、结果，就成为了改变孩子行为的绝望性尝试，因为你只满足于外在的行为改变，而未能教养孩子的心。

我们有福音大能改变心灵和生命的盼望。福音也是孩子心灵经历真实改变的唯一盼望。所有的教导与结果，都必须基于此项真理，上帝命定说："你的言语一解开，就发出亮光，使愚人通达。"（诗119：130）父母的职责是导入真理，让上帝去做改变内心的工作，然后行为会随心而变。即使你真有必要去限制孩子的行为，心中也要有更远大的目标——带领孩子认识上帝的真理。上帝的话语着重于心，我们也必须以心为焦点。

我们要帮助孩子区分行为主义的结果与《圣经》种与收原则的差异。这么做有两个原因：一、我们必须明白，也要让孩子明白，大众文化强加在我们生活哲学上的错误；二、如果希望孩子能在上帝管教的救赎中全然受益——孩子必须承认，管教是上帝保守与看顾的珍贵行动——而绝不是来自全能者的随意或任性的击打。你所代表的就是上帝充满恩慈、持守标准又心怀关爱的教导，你同时管理着有形的提示——结果——并向孩子强化，上帝是轻慢不得的真理。

种与收

《圣经》种什么、收什么的原则，为我们理解《圣经》原则下的结果提供了框架。《圣经》的种与收原则与行为主义的因果论，最显著的差异在于对结果运用的不同目的。当父母应用种与收原则，所得到的结果是管教过程的一小部分，也是对《圣经》真实性的强化。相反，行为主义因果论运用结果作为改变行为的唯一手段，它将带领孩子远离福音和心的持久改变。

种与收的属灵观点

我最近听到一句汽车广告："种什么，就收什么！"大众文化随意将这句话解释为"这是你该得到的"，这早已不是《圣经》提出的在今生或永世收割自己行为结果的教导了。什么才是种什么、收什么呢？如何才能在教养孩子的道路上，赎回上帝神圣的旨意呢？到底该如何看待种与收的公式呢？

在灵里播种的祝福

《加拉太书》6章8节鼓励我们："顺着圣灵撒种的，必从圣灵收永生。"运用《圣经》中的解释、命令、呼召、应许和教会历史，坚固圣化孩子的心思意念去追求圣洁，并将罪治死。即使在你不得不指出悖逆与犯罪的愚昧和灾难时，也要小心地让孩子看到属灵生活祝福的美好与生命力。

《圣经》中对种与收的另一个比喻，就是耕种与收割。种瓜得瓜、种豆得豆，我们不可能种下罪恶的思想与行为，却收获别样的东西。有时候我们的孩子种下罪，却又祈祷不会有收获，这永远都不会发生，因为上帝命定的生命中，结果是无可避免的。所以，你必须身体力行并训练孩子具备收割的心态。其实，我们时刻都在播种与收获。孩子今天种

什么，明天就收什么。明天，可能是瞬间或几年，但一定
会来到。

种与收是合乎《圣经》的事实

《圣经》的种与收原则是个事实，是基于上帝所立的
约。记得吗？上帝与人所立的约，有祝福也有咒诅。上帝先
与亚当立约，然后与先祖，接着与他的选民以色列（记载于
《申命记》28章），最后在新约中与所有的信徒立约。《圣
经》种与收的原则，反映出上帝所造世界的成果与结局。上
帝所定的结果无可辩驳，它们是至高的、圣洁的、属灵的、
超自然的、既关乎永恒，又影响当下。播种罪性，就收获今
生和永世的灭亡；播种圣灵，就带来与上帝同在的平安。因
亲近上帝而有灵里的安慰，即使在失败与苦难中也能如此，
最终收取永生。当我们审视生命，《圣经》的真理一次又一
次在人际关系、环境、物质世界和团体生活中，得到印证和
彰显。

《撒母耳记》2章30节提供了一个种与收的实例：

> 因此，耶和华以色列的上帝说："我曾说，你
> 和你父家必永远行在我面前；现在我却说，决不容
> 你们这样行。因为尊重我的，我必重看他；藐视我
> 的，他必被轻视。"

以利是上帝家中的祭司，他知道上帝与以色列所立之约
中的祝福与咒诅。他未能约束儿子的贪欲，从而导致家族的
灭亡、世代祭司职分的丧失和他内心的哀伤与懊悔，这些都

不只是近在眼前的凶兆，上帝可怕的宣告是以利在养育子女上选择悖逆上帝的必然结果。以利的生命和灵魂收割了他所做选择的全部判决。

《圣经》种与收原则的行为报应

我们的文化，把种与收看成像圣诞老公公一样。“你最好留心，你最好别哭，你最好别噘嘴，我来告诉你为什么。”主流文化所认知的，只是物质的世界，他们早已把上帝掌管宇宙的至高权柄置之度外。所以结果就只与生活中的贪求与欲望有关。因此，当广告要个小花招，将我对汽车的贪婪欲望合理化后，这样的概念就变得十分符合逻辑。

父母，作为上帝权威的有形代表，必须懂得如何应用合乎《圣经》的种与收原则，而不是行为主义的奖惩方式。唯有种与收的原则，才能指点明路。

首先，我们将揭穿谎言。行为主义与种与收原则有何不同呢？

行为主义的赏与罚	《圣经》原则的种与收
1）目标：后果是用来改变行为的外在尝试——什么因素会吸引孩子或吓阻孩子。没有伦理道德的基础，标准也经常更换。孩子充满仇恨，并认为叛逆是合理的。行为主义的奖励，会引发孩子追求权力	1）目标：后果被用来强化《圣经》的原则与绝对性。上帝不变的真理，是伦理道德的根基。“上帝这么说”是人们弃恶行善的充分理由。 后果基于《圣经》的原则和绝对性，也基于上帝对人的拯救

（我应该得到……）。父母随意、听任情绪的惩戒，让孩子心中的苦毒与叛逆变本加厉。

2）后果通常与行为没有直接关系。流行的行为主义策略，像暂停、禁足、没收等，并不能带出《圣经》真理，只是要弄权力，经由剥夺孩子的事物与特权来证明父母的说服能力，这在孩子原已违抗的心理上，种下叛逆的种子。

与保守圣徒成圣的恩典，这显明上帝与人所定的约，有祝福也有咒诅。父母的教导要诉诸孩子可以预期的更高准则，这标准高过人性的变化无常，也不是依照个人的好恶，或一时的兴起。后果让我们乐于顺服救主，面对我们的罪与软弱，福音带给我们盼望。我们还有希望！

2）后果应与管教紧密联系。我们使用后果的目的是为了显示上帝国度的真实。上帝创造万有，并用他话语的大能承载万物。他建立法度来荣耀自己的名，并保守他的受造物。住在上帝的国度却不遵行他的律法，结果就是今生与永世的苦难。

《圣经》中这样的真理，随处可见："凡动刀的，必死在刀下。"（太26：52）"君王凭诚实判断穷人，他的国位必永远坚立。"（箴29：14）

记得《民数记》12章中的米利暗吗？因着骄傲，她希望作为摩西和亚伦的姐姐，得到以色列会众的尊崇，她不满于自己谦卑的位分。结果她收获了什么？大麻风！她被赶出会幕，忍受孤寂羞辱，因为她骄傲妄求被高举。

在《民数记》20章1-13节中，摩西因抱怨、争闹、不信的以色列百姓而生气，在怒中击打磐石，未能交托自己信靠上帝，也未在上帝的旨意中带领他的子民，上帝说："因为你们不信我，不在以色列人眼前尊我为圣，所以你们必不得领这会众进我所赐给他们的地去。"而他们旅居旷野的目的是什么？不就是进入上帝的应许之地吗？

行为主义的赏与罚	《圣经》原则的种与收
3）后果是事件导向与暂时的。主要是为了改变行为、解决问题、好让日子能继续过下去。	3）《圣经》的后果是过程导向，也是目标导向的，为的是孩子永生的益处，以致孩子在日后遇到试探时，会记起他们先前在心灵争战中学到的敬虔的功课。
4）后果使用控管与限制行为的方式，达到错误的目的——为了看起来好看、方便或骄傲。	4）《圣经》的后果，关心的是所结的果子能否持久并建立敬虔的品格与价值，为上帝的国度所用。上帝管教他的子民，是为了使他们成为圣洁。

多让人惊叹啊！上帝惩戒的目的，竟是为了建立他的义。《希伯来书》12章5-7节与10-12节，让我们看到了上帝对他子民的心意：

你们又忘了那劝你们如同劝儿子的话，说："我儿，你不可轻看主的管教，被他责备的时候，也不可灰心。因为主所爱的，他必管教，又鞭打凡所收纳的儿子。你们所忍受的，是上帝管教你们，待你们如同待儿子。焉有儿子不被父亲管教的呢？

生身的父都是暂随己意管教我们，惟有万灵的父管教我们，是要我们得益处，使我们在他的圣洁上有份。凡管教的事，当时不觉得快乐，反觉得愁苦，后来却为那经练过的人结出平安的果子，就是义。所以，你们要把下垂的手、发酸的腿挺起来。

多么激进的世界观啊！在上帝对他子民的心意中，收割是为了重建。你的孩子也是这样看待收割的吗？当他们必须为自己的罪承担痛苦后果时，也是这样看待收割的吗？

行为主义的赏与罚	《圣经》原则的种与收
5）后果反映出的是权威者个人的标准与目标。	5）后果反映出上帝的律法，而律法是道德伦理的标准，是生命祝福、平安、盼望与重建的唯一路径。

反映出上帝律法的后果，前后一致，并有益于孩子的长期发展。让我举个实例来说明，一个冷飕飕的秋天，我希望孩子穿上外套再出门，我可以提出一箩筐的理由："我担心你的健康，不穿上外套保暖，会感染肺炎的。"或"你必须服从我，因为外面天气太冷，不穿就不准出门。还记得你爸爸说的话

吗？如果你今天再不听我的话，他今晚回家就会要你好看！"

你或许在孩子不听话时威胁他们，对他们的不合作大为光火。可也许在发火的第二天，你因为心中有更急迫的事情，根本无暇顾及孩子是否在更冷的天气里穿戴了衣帽出门。那时你也许会这样说："我才不在乎呢？安静点不要来烦我。如果着凉了，那也是你自找的。"

这是个极其关键的陶塑子女心灵的法则。训练孩子从《圣经》"种与收"的角度理解后果。他们需要被指引，看到上帝的属性与作为，以及上帝为他子民所定的旨意。他们必须明白《圣经》的种与收原则——无论是正面或是负面的结果。

在合乎《圣经》的异象中，我的标准必须符合《圣经》的原则与绝对性，带给孩子伦理道德的影响力，并融入福音的怜悯与恩典。比方说："我希望你戴帽子、穿外套、穿保暖的衣服出门玩耍。我知道你觉得还够暖和，用不着把自己包起来。但根据我的判断，你应该会需要。请相信我，我爱你，而且我决不会要你做伤害你自己的事。记得吗？聪明人聆听指教；而有智慧的孩子，让母亲满心欢喜。上帝应许要把属灵的祝福，赐给放下个人喜好而聆听父母指教的孩子。如果你不想顺服，记得我总是愿意与你一起祷告，祈求上帝在你受试探的时候帮助你。我爱你，我知道顺服权威远比顺着自己的心意难多了。上帝会赐给你力量，选择智慧，而不是愚昧。"

两种形式的后果

有两种不同形式的后果：自然形成的后果，与权威控制的后果。

自然形成的后果，是在没有其他人为因素影响下所发生的结果。就像我发火踢东西，脚指头会痛。同样，孩子忘了带午餐盒，中午就该让他饿肚子，而不是请他去麦当劳吃快乐套餐。弄丢了计算器，就得用老法子来做算术，而不是带他去商城买个更酷的。父母常为了保护孩子，不让孩子承担自然形成的后果，然而这些后果却可以提醒孩子对明显不负责任的行为加以改变。

权威控制的后果，是为了强化《圣经》的原则与绝对性的结果。请留意我的定义——权威者没有权力让孩子去学习所谓"如果孩子知道什么是好的，就绝不敢再这么做"，"让他们瞧瞧，我可不笨"，"等着瞧，看我怎么对付你"这样的后果。后果不是为了建立我的标准、权力或聪明（虽然那可能是真正目标的副产品）。帮助孩子认识到，后果并不是"我对你所做的事"，而是"经由你自己的选择而导致的结果"、"你收割你所种下的"。对朋友发牢骚说"你不会相信我老妈对我做了什么！"的孩子还不明白这个真理。因为他收割的是自己行为的结果，而不是妈妈的。即使后果的内容是父母所设计的，后果仍是孩子自己所选择的。当目标指向短期行为改变，而不是长期品格的建立时，孩子就会把父母当成敌人，而非帮助他们培养敬虔品格的促进者。

合乎《圣经》的后果，必然是理性的、符合逻辑的，而不会是极端的或过度的。上帝的方法保守我们不致在发怒、受挫、恐惧，或意识到有需要掌控孩子及家庭状况时，错误使用后果原则。如果父母专注于教导孩子的心，就不致轻易让步于前面所比较过的行为主义。

后果必须合乎逻辑——并尽可能与错误行为相连。后果应该服务于管教和归正的目标。为了训练我们的孩子成为基督的门徒，我们必须教导孩子属灵层面的种与收。

属灵的种与收

除了立即、短暂的后果，收割还有更广的意义。我们不希望依仗后果来改变孩子的行为。收割过程的属灵意义，是世界未曾考虑或认同的。

上帝奇妙的创造，使人可以对灵和不可见的真实作出反应，我们用自己的属灵特质，对感官世界作出解释、说明、定义与互动。

《加拉太书》6章7-8节，提醒我们属灵和永恒视野中的种与收。顺着情欲罪性撒种，带来毁灭；顺着圣灵撒种，带来永生。我们却常常只关注短暂、立即的回报，而忽略了上帝所提醒的：生命胜于穿什么、吃什么、看什么和感知什么。在上帝训练我们的时候，不可见的属灵世界一直真实存在。

知道了属灵的种与收之后，有哪些关键事项，是必须教导孩子的呢？最具影响力的后果，往往不是立竿见影或立即可见的。我们所塑造的后果，应强调这些不可避免的结果。假设小约翰因为不听话或懒惰而没做他的家务，我们该与小约翰谈什么呢？在我指出他不听话之前，有什么必然的属灵后果已经伴随他的决定发生了呢？什么有形的后果能起到教导他的作用呢？

在世俗的权威实施后果以先，任何思考与行为至少会带来以下六项不可避免的后果。

与上帝的关系

上帝不会被愚弄："因为人所行的道都在耶和华眼前，他也修平人一切的路。"（箴5：21）上帝不是我们的朋友，就是我们的敌人（参见雅4：4），上帝挫败心怀二意的人（参见雅1：6-8），我们属灵的光景，不是冷就是热（参见启3：15-16），温水是用来冲水管的，不是属灵的选择，因为我们的思想与行为，使我们或与基督收聚，或与基督分散（参见太12：30）。我们不是活在属灵的福气中，就是活在过犯的内疚与恐惧中。不要忘记上帝所立之约中的祝福与咒诅，我们不是成为上帝圣洁的子民，就是被神弃绝。

> 弟兄们，你们要谨慎，免得你们中间或有人存着不信的恶心，把永生上帝离弃了。总要趁着还有今日，天天彼此相劝，免得你们中间有人被罪迷惑，心里就刚硬了。(希3：12-13)

罪的迷惑性会使我们的心刚硬，从而与上帝隔绝。手

上的硬皮，可以保护我们在拿热水时不被烫到，但若心脏结了硬痂就糟了。如果我们犯罪，悔改也不是我们的第一反应时，我们收割的与上帝的关系就是：上帝仿佛遥不可及，属灵的现实也变得虚幻而短暂。小约翰也在收割，他的不顺服，使他的心对上帝刚硬。

这个真理以两种方式发生作用。对于不信的人，他今生与永世的生命时刻危在旦夕，除了悔改与信心之外，我们总在为自己积蓄忿怒，直到神公义审判的日子来到（参见罗2：5）。不信的人与上帝隔绝，结局是永远的灭亡。因着基督的救赎，福音是罪人与神和好、逃避永死的唯一盼望。这是何等重要的结果啊！这是在训练与教养孩子时，带出上帝恩典与怜悯的绝好机会。孩子每天都在收割与上帝的关系，这并不是因为他们信了上帝而使之成为事实，实际上我们一直都活在这个事实当中！

对于悔改又信我主耶稣基督的基督徒，他们的称义是确凿的，不再受到永远灭亡的威胁。然而，《圣经》不断警告我们两种危险：一、如果没有真正的悔改，我们就好像种子，才长了一会儿，就被世上的思虑给挤住了（参见可4：1-20），听道容易，行道难。二、我们对上帝的心会变得冷淡。要常来"亲近"上帝，在恩典中不断成长（参见来10：19-25），心若迷失，就无法天天与上帝沟通与交流了。

相反，种下对上帝和上帝国度的奉献与渴慕，就会收获

《圣经》中不断提到的属灵祝福。《诗篇》37篇4节，为我们展现了这种灵里的收割，"又要以耶和华为乐，他就将你心里所求的赐给你。"故而，我们在与上帝的关系上不断收割。

生活习惯

幼年时期养成的想法与习惯，会被原封不动地带进成年生活中。每日生活中看似微不足道的小事，却在日积月累中塑造着我们的品格。一颗怀着诡诈的心，在面对挑战时，就采取撒谎、欺骗、偷盗、背信弃义的手段；一颗正直的心，则用诚实、正直、敬重他人、顺服掌权者的态度去应对。点点滴滴的选择，最终汇聚成为我们每天待人接物最自然的反应。我们应该都会承认，生活习惯是幼年养成的，除非受到某些外在因素的影响，否则很难改变。我们在生活习惯上不断收割。

小约翰有专为他量身定做的家务劳动，来训练健康的家庭生活习惯。他对家务的疏忽，将会强化他在家庭、学校等领域不负责任的习惯，最终影响到他的工作。

十年后将是什么光景呢？如果3岁的孩子，因为抢不到兄弟的玩具而大发脾气，到了14岁时，他就会因为自己的要求得不到满足而暴怒离家出走。如果四岁的孩子把打碎的瓶子藏起来不告诉你，到青少年时，他就会为了隐瞒坏成绩，在试卷上伪造签名，或者为了面子不惜用说谎去掩饰罪行。我们在生活的习惯上不断收割。

相反的，当上帝为我们的心行割礼，又赐下圣灵，就

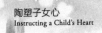

使我们有能力去顺从他的律例，谨守遵行他的典章（参见结36：25-27）。这对父母而言是何等荣耀的激励，让我们有信心去鼓励孩子思考如何在生活习惯上收割。我们要提醒孩子，当他们向神承认自己的需要，上帝不但乐意而且有能力来改变他们的心与习惯。我们在生活的习惯上不断收割。

名声

名声，是他人对我们印象的总和，这常由我们对他人与环境的反应来决定。孩子乐于被称为好的、可信赖的、可倚靠的、值得信任的、诚实的、善良的等等。可孩子却不知道，由他们的态度和行为所造成的必然后果，也会成为他们的名声。"我怎么恨恶训诲，心中藐视责备，也不听从我师傅的话，又不侧耳听那教训我的人？我在圣会里，几乎落在诸般恶中。"（箴5：12-14）

小约翰有个不倒垃圾的名声。事实上，当他母亲请他姐姐萨利去洗碗的时候，萨利会说："我不懂为什么我该去洗碗，小约翰却从来也不用倒垃圾！"

《马太福音》5章13-16节，我们熟悉的盐与光的经文，也是有关名声的。经文的内容与目的很清楚，名声的作用就像防腐剂，或是照亮黑暗的光，目的是给上帝带来荣耀。孩子需要学习扪心自问："我的态度与行为，会对周围的人产生怎样的影响，是否会影响我在上帝国度里的机会、特权与用处呢？"

孩子需要被提醒，幼时的师长将来有可能成为我们的同事、学生、教友，甚至姻亲！我现在就有个女婿和媳妇，他们曾作过我主日学的学生和基督教学校的学生，而他们长大以后，成为我们服侍上帝的同工与邻居。我们在名声上不断收割。

人际关系

我们的行为，极大地显示出我们与家人、同辈与权威者的关系。小约翰与他父母每周会因为他不倒垃圾而关系紧张，这甚至会影响到他们在其他方面的相处。

我们的人际关系，或开放自由，或充满恐惧、内疚、伤害、苦毒、懊悔与防御。孩子们常以为自己的言行与人际关系无关，因而即使举止恶劣，还指望人际关系能继续维持。不幸的是，甚至许多成年人都没有学会这个功课。我们在人际关系上收割美好或痛苦，全在于我们栽种了什么！人际关系的促进或终止，基于当事人的态度与选择。对于生活中经常遇到的，可能带来冒犯的日常冲突，我们无需回击，而应采取基督样式的补救。我们在人际关系上不断收割。

在天国的长期效益

我们都是上帝奇妙救赎舞台上的演员，上演的是关于基督的荣耀，律法与恩典的故事。最后一幕，将上演在新天新地上帝的宝座前。对基督徒而言，生命是对心和态度的播种，使之宣扬上帝舞台上的伟大主题、呈现上帝律法的美与和谐、操练神的律法，并在光明中沐浴主恩。相反，若种下

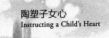

与以上相悖的心态与行为，则会导致无效与徒劳。

举例来说，在我担任一间小型基督教初中的校长时，有几个女孩总是处不好。在我查阅教师报告后发现，其中一位女孩总是说长道短、制造纷争。讽刺的是，也正是这位女孩，常常要大家为她能在朋友间作好见证祷告。她真诚地希望能在人际关系中传扬福音——却忽略了自己的言行举止，这已影响了她在天国里的效益。

思想一下浪子回头的故事，浪子被接纳、关系得到重建，然而，他继承的财富与财富被善用的可能性已经荡然无存。人们对他身份的敬重已经减少、被虚度浪费的大好光阴已经一去不复返。我们在天国事业的长期效益上不断收割。

永生

抵挡真理的不信者会收获他所当得的。这不仅是《圣经》上要逃避愤怒的警告，也是我们生活中的事实。魔鬼弄瞎了不信者的眼，以为一切都好，要及时行乐，其实他们正在累积罪的恶果，也在为自己积蓄忿怒，直到神公义审判的日子来到。

> 恶人经营，得虚浮的工价（他可能目前没有受到惩戒）；撒义种的，得实在的果效（永生的结局才真的算数）。（箴11：18）

基督徒也在永生上收割。当然，所有信而悔改的人，都能享受新天新地，面对面的看到救主基督。但《圣经》中也指示我们，今生所种的，会与我们将要放在上帝脚前的冠冕有关。这样看来似乎在上帝面前，有着不同程度的荣耀。这就像我们对基督国度的渴慕，与我们每日灵修和与上帝同在的经历有关，我们一生对圣灵的播种，也与我们永恒享受的荣耀有关。"若有人用金、银、宝石、草木，禾秸在这根基上建造，各人的工程必然显露，因为那日子要将它表明出来，有火发现，这火要试验各人的工程怎样。人在那根基上所建造的工程若存得住，他就要得赏赐；人的工程若被烧了，他就要受亏损，自己却要得救。虽然得救，乃像从火里经过的一样。"（林前3：12–15）我们无须把天国想成是浴火逃生，只能狼狈的勉强存活，我们应该思想单为基督而活的美好——不是为火险投保——而是为了耶稣全然的降卑来拥有我们，为我们预备住处，喜悦我们。

传递给我们的孩子

老实说，我们常把后果的收割想成是负面的——是上帝"对"我们做的，而不是"为"我们做的。我们也常常在迫切希望孩子听话时，用这样的观点来打击他们的灵性。然而，事实上种与收是上帝奇妙的恩典，藉此杜绝罪的欲求贪念，来显明生命的道路。我们应从这样的角度看待后果。

花点时间，与孩子分享种与收的真理。可以使用这个章节作为你的教导大纲，在你家演示和操练合乎《圣经》的种

与收原则。我们还可以用家庭笔记本，在《圣经》、教会历史，以及家庭与小区生活中记录搜集种与收的实例，甚至你会发现，在新闻中也可以找到不少。我们可以指出正面的例子并为之高兴，对每天生活中好笑的例子报以一笑，为哀伤痛苦的事件祈祷并彼此安慰，寻求上帝并从中学习功课，获得勇气与信心顺着圣灵撒种，而不是顺着情欲撒种。后果，是避免顺着情欲撒种的一种威慑和保护。

行为主义的奖惩，并未教导这些有力的属灵功课。它利用后果来操纵行为，不能对心进行训练，只是徒有其表而已，行为主义的终局将是伦理道德的崩溃和与上帝永世的隔绝。

在你的生活中学习和操练《圣经》中的种与收原则，并教导你的孩子。这会自然而然地在你家中改变你管教和督责孩子的方式。

意义

行为主义或许可以风靡一时——甚至也能行得通，但它模糊了福音信息。当我们用奖励和惩戒来控制行为，而无须仰望上帝与他的救赎时，我们就是在教导孩子：他们生活在上帝的世界里，却根本无须耶稣基督也能过得很好，真是太讽刺了！

我们如何能将反映出《圣经》种与收原则的后果带给孩子呢？

　　我们自己必须是《圣经》的学生。不阅读与学习上帝的话，我们就不能明白神的真理。在摩西离世前，他向以色列人重申律法，宣告上帝启示的重要性。《申命记》32章45-47节写道："摩西向以色列众人说完了这一切的话，又说：'我今日所警教你们的，你们都要放在心上，要吩咐你们的子孙谨守遵行这律法上的话。因为这不是虚空与你们无关的事，乃是你们的生命，在你们过约旦河要得为业的地上，必因这事日子得以长久。'"

　　祷告是训练过程中，了解与应用合乎《圣经》原则的结果，所不可或缺的。我们要为用来强化《圣经》真理的结果祷告，在和孩子交流之前，我们要先与上帝对话。

　　自我牧养是对孩子实施后果原则的最佳预备。《申命记》6章6节提醒我们，"我今日所吩咐你的话都要记在心上"，7节又说："也要殷勤教训你的儿女。"

　　《雅各书》3章13-18节给出了鲜明的对比，我们可以籍此帮助孩子，认识种与收。"你们中间谁是有智慧、有见识的呢？他就当在智慧的温柔上显出他的善行来。你们心里若怀着苦毒的嫉妒和纷争，就不可自夸，也不可说谎话抵挡真道。这样的智慧不是从上头来的，乃是属地的、属情欲的、属鬼魔的。在何处有嫉妒纷争，就在何处有扰乱和各样的坏事。惟独从上头来的智慧，先是清洁，后是和平，温良柔顺，满有怜悯，多结善果，没有偏见，没有假冒。并且使人和平的，是用和平所栽种的义果。"

第七章　权威源自于上帝的计划

当听到"权威"这个词，你是怎么想的？我们常把权威的意义分为两种形式，一种是压倒性的力量（某人因具有无法抵抗的力量而掌权），另一种是被认可的力量（某人因为人们认可而掌权）。《圣经》的教导是，某些人成为权威者，而他人顺服权威，是美好而恰当的。

上帝创造的世界，有其特定的架构与秩序。在神的计划中，受造物与他，以及受造物彼此之间，都有着特定的关系。这些关系，有横向的，也有纵向的。比方说，我们所处的现代社会强调生而平等。如果用图画来表示，人彼此间的关系就是横向的，但是当我们去思考创造的层次、照料者与被照料者之间的事实时，一个纵向的画面就展开了，就像上帝与人、天使与人、人与生物等的纵向关系一样，人与人之间也有着纵向的关系。接下来的部分，我们将讨论创造的层次，以及这如何延伸至人与人之间特定的纵向关系，尤其是亲子间的关系。

创造中的层次结构

人与上帝的关系

《诗篇》第8篇描述了上帝的尊严与荣耀："耶和华我们的主啊，你的名在全地何其美！你将你的荣耀彰显于天。"上帝充满万有，上帝与人的关系是纵向的。《诗篇》颂扬创造的奇妙，惊叹上帝至今还顾念人，"我观看你指头所造的天，并你所陈设的月亮星宿，便说：人算什么，你竟顾念他？世人算什么，你竟眷顾他？"（诗8：3-4）

人的位置，在创造者上帝之下，而上帝看顾他的创造，"这样，就可以作你们天父的儿子，因为他叫日头照好人，也照歹人；降雨给义人，也给不义的人。"（太5：45；另可参见徒14：17；彼前5：7）

人与天使的关系

人，排在天堂受造物（天使）之下，天使常与上帝同在。然而即使人并非位列所有受造物的顶层，却仍是高贵尊严的。"你叫他比天使微小一点，并赐他荣耀尊贵为冠冕。"（诗8：5）

天使是上帝的使者，照顾他的子民，"因他要为你吩咐他的使者，在你行的一切道路上保护你。他们要用手托着你，免得你的脚碰在石头上。"（诗91：11-12；另可参见太18：10；路16：22）

人与地上受造物的关系

"你派他管理你手所造的，使万物，就是一切的牛羊、田野的兽、空中的鸟、海里的鱼，凡经行海道的，都服在他的脚下。"（诗8：6-8）《圣经》中要求掌权者，照顾、供应、保护在他权下的，上帝是掌权者的典范，而人，被指派管理神的创造，在管理野兽万物时要效法上帝，不应造成任何残暴、草率或破坏。

总而言之，神的创造有层次秩序。上帝在宇宙中创造并分派万物，使万物各就其位、各得其所。

- 人，不分男女，都是照着上帝的形象创造的。（创1：27）
- 上帝赐予人治理地与万物的权力。（参见创1：28）
- 上帝使万物都服在人的脚下。（参见诗8：6）
- 人有权力与责任去掌管和履行上帝在创造时给予他的权柄。（参见创1：26，28）
- 人，是上帝所造天地万物的管家，高于地上其他所有的受造物。（参见诗8：5-6）
- 人有责任去管理走兽、鸟、鱼和海里的一切。（参见诗8：6-8）

人彼此间的层次关系

除非我们自己先能了解，纵向架构意味着自愿服从掌权者，否则我们无法教导孩子顺服权威。

在论及人的价值与尊严时，人彼此的关系确实是横向的，因为每个人都是照着上帝的形象造的，有着荣耀与尊贵的冠冕，并有权柄去治理地上其他的受造物。论到人与上帝的关系，上帝对人的救赎，每个人都是一样，我们都在同一个基础上就近上帝，与此同时，上帝也设立了人的责任与权威的层次结构。

时下的观念，认为面对权威只有两种反应——反对或屈从。人们无法理解，作为一个明智、独立、有思想的人，为何自愿服膺于权柄之下。我们需要知道顺服是尊严和高贵的，而不是卑贱或愚昧的。《圣经》要求权柄以下的人，尊敬与顺服掌权者。顺服，是通过服侍上帝委派的掌权者来服侍上帝，享受由此而来的力量与尊荣。

上帝把某些人放置在职场、教会、国家、学校的权威位置，但统治者若辖制、奴役人民，则是邪恶地歪曲并损坏了上帝的形象。

职场的权威

掌权的人，有责任照管为他工作的人。"你们做主人的，要公公平平地待仆人，因为知道你们也有一位主在天上。"（西4：1）"不可欺压你的邻舍，也不可抢夺他的物。雇工人的工价，不可在你那里过夜留到早晨。"（利19：13）

权柄之下的人，有责任与上司合作。"你们作仆人的，要凡事听从你们肉身的主人，不要只在眼前侍奉，像是讨

人喜欢的，总要存心诚实敬畏主。"（西3：22；参见弗
6：5；多2：9）

顺服权威，并不意味着次级或下等，只是各有不同的角
色与责任。《提摩太前书》第6章，说到了顺服与平等的统
一。"凡在轭下作仆人的，当以自己主人配受十分的恭敬，
免得上帝的名和道理被人亵渎。仆人有信道的主人，不可因
为与他是弟兄就轻看他，更要加意服侍他，因为得服侍之益
处的，是信道蒙爱的。你要以此教训人，劝勉人。"（提前
6：1–2）

教会的权威

上帝在教会建立了权柄的结构。长老、牧师或监督，都是
蒙召来管理教会事务（参见提前5：17）。"务要牧养在你们中
间上帝的群羊，按着上帝旨意照管他们。不是出于勉强，乃是
出于甘心；也不是因为贪财，乃是出于乐意；也不是辖制所
托付你们的，乃是作群羊的榜样。"（彼前5：2–3）

要听从照管的人，且要留心顺服。（参见来13：17）

国家的权威

上帝在国家建立了权柄结构。作官长的是上帝的仆人，他履行
上帝赋予的权柄（参见罗13：1–4）。官员制定法律、保护市民、
征收税款（参见太22：17–21）、惩治罪恶（参见彼前2：14）。

在《彼得前书》第2章13–14节写道："你们为主的缘
故，要顺服人的一切制度，或是在上的君王，或是君王所

派、罚恶赏善的臣宰。"（参见提前2：1-2；多3：1）

家里的权威

上帝在家庭中也建立了权柄结构。丈夫用爱来领导，为妻子舍命（参见弗5：25-33），妻子要顺服自己的丈夫（参见弗5：22-24），儿女要孝敬听从父母（参见弗6：1-3）。

亲子关系的层次

父慈子孝，是美好而适当的。要教导孩子明白上帝设立的权柄结构，这将有助于他们形成对权威的正确认识。这种陶塑教育，远比简单命令孩子服从，要意义深远。这会使孩子了解上帝创造的模式，以及自己从属的位置与作用。

我们社会的权威观混乱不堪，傲慢的儿女对父母指手画脚，父母只会哀叹，却无法管制儿女浪费在电玩和电视上的时间。《圣经》的权威与责任概念，已被讨价还价与妥协所取代。

儿女若认识权柄结构来自上帝，顺服父母就理所应当了。顺服，就成为美妙创造的一环，是信靠上帝的自然回应。

祝福之圈

上帝在《以弗所书》第6章1-3节，绘制了一个孩子生命中的祝福之圈。圆圈的边界，就是孝敬与听从。孩子，应当顺服父母的权威。

大众文化认为，权威是专制的，顺服是卑贱的。许多父母对自己成为权威的公平性产生疑惑，他们辩解说，因为他们自己不喜欢被告知要顺服权威，故而他们的孩子也不喜欢。于是，他们就自动放弃了作父母的权柄。孩子可以自己选择穿什么、参加什么活动、吃什么、结交什么朋友。到了上学年龄时，孩子俨然认为自己是独立自主的人了。父母在决定与执行上，自愿放弃了无数的权柄。

"甜心，对不起，我忘了你不喜欢吃燕麦，让我们一起来看看你是不是喜欢吃甜泡芙圈或者可可泡芙呢？"

但如果父母能这么说该多好，"甜心，我知道燕麦不是

你的最爱，或许哪天我们也可以吃些你喜欢的，但燕麦非常有营养，让我们一起来祷告感谢上帝的恩典，开开心心的享用吧。"

一种流行的子女管理方式，正好可以阐述我的观点，"甜心，你可以随便穿红的、绿的或蓝色的衬衣，你自己做主吧。"

也许3岁孩子的衣柜中，并没有更多颜色的衬衣可让他挑选，他可以自己作选择。对母亲来说，什么颜色无关紧要，都挺好的。表面上看来，这似乎是双赢的局面，孩子觉得他可以自己作决定，而母亲呢，让孩子穿上了合适的衣服，而且没有产生争执，还有什么比这更好的呢？

在这一切看来很好、很具启发性的同时，事实上，我们对孩子所教导的言外之意却是："你是这里的决定者，你有权力去作出选择，我也许会提供不同的意见，但那是你的权力去作自己的选择。"

我们所处的文化，绝不会对这种安排感到惊讶，甚至不会觉得有任何不妥，因为我们基本上都是用横向的人际关系来看世界的。如此一来，孩子就无法学习到全然美好的上帝赐予他们父母，是要他们去服从的。住在上帝所设置的权柄之下，是美好的祝福，而孩子呢，宁愿被教导去反对权威，而不愿放下自己。

当我们让孩子独立自主，就是让他们对并不存在的自由胃口大开，并对自由产生错误的认知。这种不切实际的自由并不存在，因为上帝的旨意中，没有任何脱离权柄之外的个人自由。

自由，不是想做什么就做什么；自由，是认识并爱上帝，欣然安住在他所命定的权柄结构之下。"我要常守你的律法，直到永永远远。我要自由而行，因我素来考究你的训词。"（诗119：44-45）

教导孩子合乎《圣经》的权威观念，是个艰巨的任务。这不只是一晚的灵修课程，而是我们每天把《圣经》中权柄的概念，在爱中传递给孩子。《以弗所书》第6章1-3节是写给孩子的经文：

> 你们作儿女的，要在主里听从父母，这是理所
> 当然的。要孝敬父母，使你得福，在世长寿。这是
> 第一条带应许的诫命。

告诉孩子："上帝为孩子画了个祝福之圈，孩子要住在里面，美善慈爱的上帝为他的荣耀创造了我们和宇宙万物，并白白赐给我们所有一切美好的东西。他赐给孩子聪明、成熟、有生命经验的父母，所以，听从父母是最有益处的。"

《以弗所书》第6章对听从所应允的丰盛奖赏

让我们进一步来看听从、孝敬、得福与长寿。

听从

听从，就是顺服上帝的权柄，定睛仰望上帝。我们听从，是因为天上有一位父。对上帝权柄的顺服，使得孩子能

够没有争辩、没有拖延、没有挑衅地去做所吩咐他的事。

如果孩子争辩父母是否有权对他们提出要求，他就是不顺服，若孩子必须被收买才肯做该做的事，他也没有真正的顺服。

如果孩子拖延顺服，或只在方便时才顺服，这表示他仍然独立行事，这造成的结果是："我会按照自己的时间表来听你的话，而不是按照你的时间。"

当孩子挑战父母的权威，或用命令的语气问"为什么"时，也是不顺服。顺服是欣然完成上帝设立的权威所要求他做的。

孝敬

孝敬是回应上帝的权柄，将焦点始终指向上帝，使孩子对父母表示尊敬的态度，明白父母是上帝管教与归正的代表。

孩子不应用对同辈的说话方式与父母对话，更不该用挑衅、不敬或命令的语气，而是要用尊敬的态度，因为上帝已经设定父母权威的地位。我们常会听到一些孩子对父母说些极为不敬与无礼的话，这些话就算是对朋友说都很过分。

欣然顺服上帝的权柄，能营造完全与圣洁的文化，而文化又引导人们如何彼此相待与互动。孩子对父母不敬的言辞，正反映出现今叛逆乖谬的文化。如果我们从行为开始纠正，结果将于事无补，我们必须先建立基督徒正确理解权柄层次的根基，随后适当的话语会应运而生。建立这根基很重要的一项教导，就是要让孩子明白亲子关系是纵向的，不是横向的。

儿女被安置在父母的权柄之下，因为上帝是慈爱的，他要慈爱的父母去照管孩子成长。父母有智慧、成熟和生活的经验，儿女享有父母的保护与指引，逐渐学习并认识这个世界。在上帝丰盛的慈爱中，他应许将美好的祝福，赐给孝敬与听从父母的孩子。

> 用智慧与仁慈的方式，来履行我们的权威。合乎《圣经》原则的顺服，绝不是用命令的口吻来教导的："你看着，是我供你顶上有屋、身上有衣、嘴里有食，所以，只要你还住在我家里，你就得照我说的去做。"
>
> 如果我们向孩子强调，我们的权柄来源于我们是家庭供应者，我们就是在栽种叛逆的种子。有很大可能，你的孩子迟早会违抗你的权威。请想一想，如果因为自己是家庭供养人就坚持去维护自己的权威，孩子一定会抗拒这种并不基于《圣经》原则的世界观。你没有指出上帝是顺服的源头，却只想抬高父母作为供养者的地位来要求服从。
>
> 提醒孩子，是上帝呼召他们要听从父母，并应许丰盛的祝福，"当孝敬父母，使你的日子在耶和华你上帝所赐你的地上得以长久。"（出20：12）父母照管、儿女顺服是美好的，就像《以弗所书》第6章所描述的祝福之圈。

得福

活在上帝旨意中的权威结构下，会带给孩子无数属灵的福气。他们可以认识上帝的美好与慈爱，明白唯有认识信靠上帝才能经历喜乐，了解自由的本质不是自做主张（成为自己的律法），而是欣然走在上帝的律法之中，并相信上帝通过他们的父母带给他们生命的祝福，并知道真正的喜乐是听从上帝的旨意，而不是偏行己路。他们确知，受造物最大的福祉是活出上帝命定的样式。

这是丰丰富富的属灵福气。但孩子如果自行其是、自做主张，以为生活只有在没有任何外在约束时才最好，他们就无法明白这些真理。

现实生活中，听话的孩子也会得福，因为人们更喜欢服从权柄的孩子，胜过那些粗野不驯、顽逆的孩子。

试想如果计划全家出游，去美丽原始的乡村徒步旅行，再在满天星斗的原野住上一晚，如果你还想邀请一两位小朋友作伴同行，共同寻幽探胜，你会邀请谁呢？是桀骜不驯的孩子？还是只有在心情好时才听你话的孩子呢？是一边捡拾营火燃料，一边不停抱怨的孩子？还是总爱和你唱反调的孩子呢？你一定明白，我们当然乐于邀请听从大人指令的孩子。能认清上帝国度纵向结构的孩子，在实际生活的方方面面，都将处处得福。

世界不会因为你坚持认定不是纵向的，就变成横向的。我们无法改变上帝创造世界的方式。当然，我们可以拒绝承认上帝用重力维持大气层的事实，但当我们跨出大楼顶层时，重力会立即证明它存在的真实。

长寿

听从权威的孩子，上帝赐给他们长寿的应许（参见弗
6：1-3）。我们都知道，有些孩子很小就被上帝带走了，这似
乎是过早的悲剧，即使我们并不了解，我们仍然相信慈爱眷顾
的上帝是全然美善的。《圣经》的普遍原则是，上帝应许将丰
盛的生命，赐给愿意顺服在上帝权柄结构之下的孩子。

为何至关重要

权威的概念提醒孩子，受造物最大的喜乐满足在于顺
服上帝的旨意。人是为上帝造的，一切律法都是为配合我们
受造的样式而设立的。可是许多基督徒的生活，仿佛人生最
大的乐趣来自这个世界，但他们又不得不对这些快乐加以拒
绝，他们眼中的上帝是刻板严厉、否定世俗、拒绝快乐的，
但世界却充满着上帝不让我们享受的快活和美好。事实绝非
如此！上帝多么乐意赐予我们一切，唯有他才是令人满足
的喜乐之河与永生之乐，如果我们尝过主恩的滋味，就知
道他是美善。

当然，基督徒的生活确实需要自制，上帝要我们逃避
一切败坏，这样的自我节制，能让我们更充分地享受被造
之乐。就如下文所提到的那列火车，离开轨道，它就毫无用
处，只能戛然而止。

这里有个好办法来向孩子解说，界限的重要性与界限内的自由。假设我看到一列60吨重的火车驰骋在铁轨上，心里就想："看那火车多有力气，可惜却被限制在铁轨上了，让我们放开它吧，任由它奔驰在原野丛林，它乐意去哪儿就去哪儿。"自由奔驰的火车将会怎样呢？它马上就会陷进草原的泥沼中。火车跑在铁轨上才有真正的自由，上帝已经为我们铺设好铁轨，我们唯有驰骋在这铁轨上，才享有最大的自由与快乐。

愚顽人的危险

另一种教导孩子属灵权柄结构的方式，就是任由他们自行其是，自做主张。《圣经》称呼这类人为愚顽人。"愚顽人心里说：'没有上帝。'"（诗14：1）愚顽人说："我将自行其是；没有人可以吩咐我做什么。我只在我愿意的时候，去做我愿意做的事。除我以外，没人能支配我。"这不是自由，而是愚蠢。住在上帝的国度里，却活得好像没有上帝一样，实在愚昧至极，我们将在随后的章节中探讨智慧与愚昧的对比。

我们的生命必须反映我们所教导的真理

这些真理，必须反映在我们对娱乐活动的选择上。动作片里的男主角随心所欲，打破一切规则，其实他根本不是英雄而是愚顽人，无论电影的结局多么完美，他依然是个愚顽人，他所代表的世界只是个谎言。如果花费一整个晚上观赏一部惊心动魄的影片，但戏中教导的却是荒谬的生活，实在不是明智的娱乐选择。如果我们看了这样一部动作片，看完后一定要进行充分地探讨，让孩子认清，从《圣经》的角度看戏中的英雄，不过是个愚顽人而已。

这样的真理，要经常反映在我们的日常生活中。我们无法教导孩子尊敬权威，自己却用不敬的字眼称呼上司；如果我们自己在主日痛斥牧师，我们的孩子不可能尊敬属灵的权威；如果我们自己从不尊重官员，或不遵守交通规则，孩子也不会对政府官员心怀感激。

我们可以与孩子分享自己与掌权者之间的挣扎。让孩子去做我们可能有挣扎的事不是虚伪。假装自己毫无挣扎，才是虚伪。我们应该示范给孩子看，如何在挣扎中，谦卑倚靠上帝的恩典与大能。

帮助孩子正确看待自己

《箴言》9章可以帮助孩子正确看待自己。"指斥亵慢人的必受辱骂，责备恶人的必被玷污。不要责备亵慢人，恐怕他恨你；要责备智慧人，他必爱你。教导智慧人，他就越发有智慧；指示义人，他就增长学问。"（箴9：7-9）

我们使用这段经文，来帮助孩子评估他们对父母权柄的回应。我会让自己扮演头脑简单的家伙，然后来问问题："这段经文里用了哪四个词，来描述父母的沟通呢？"他们搜寻经文并发现了这四个词："指斥、责备、教导、指示。"

"太棒了！真是一群聪明的孩子。下个问题会很难，但我想你们应该没问题。这段经文写到，在回应指斥、责备、教导、指示时，会有两种不同类型的人。而《圣经》又给他们各自起了不同的名字。你们可以从经文中，找出这些名字来吗？"

他们找了又找，也许会需要一些提示，但最终他们会说："一种是亵慢人或恶人；另一种是智慧人或义人。"

然后我会在纸上画两个小孩，一个标上"亵慢的（恶的）"，另一个标上"智慧的（义的）"。我会接着问孩子："经文中说'亵慢的（恶的）'人是如何回应指斥、责备、教导、指示呢？"

孩子们再回去查看经文，就找到了答案："他辱骂、玷污、恨那指斥他的人。"

"很好，现在来看看，你们是否可以找到智慧的/义的人如何回应呢？"孩子们再次查看《圣经》，发现了答案。

"他爱、越发有智慧、增长学问。"然后我们可以问孩子，他们会怎样评估自己呢？

"你想你现在是谁呢？在你回应爸爸妈妈时，是'亵慢的（恶的）'孩子，还是'智慧的（义的）'孩子呢？你想你通常是如何回应的呢？你的朋友，又会如何评价你的回应呢？"

"知道吗？无论是你们或父母，都不可能总是百分之百正确。有时我们会做错，爸爸妈妈也会有愚顽的反应，但好在我们知道该转向谁，不是吗？我们可以从耶稣那里，找到赦免、改变与能力。"

尽可能地看重这种形式的牧养，我们站在孩子身边，指出他们的软弱，带领他们认识恩典的大能。

诉诸权威

当孩子懂得欣然接受父母的照管，知道这是上帝的美善旨意时，教导他们如何诉诸权威也十分重要。父母并不总是公平的，有时也会独断专行、反复无常。我们的孩子生活在这堕落的世界，也会遇到被权威错误对待的情况，如果我们能教导孩子，恭敬地申诉，就可以装备孩子，有智慧地与权威互动。

长成能做决定的身量

有些人反对说，在权威下成长的孩子，无法学习如何做决定。他们的理由是：如果孩子从来没为自己做出任何决定，他们怎能学会呢？

其实最有效的训练方法，是向孩子示范如何做正确的决定。让他们了解你的信心，与他们分享，有属灵智慧和洞见的成熟人士是如何抉择的，并告诉他们在决策过程中运用理性分析与评价判断。帮助他们学习，如何避免来自他人压力的影响和冲动的反应，以及避免在缺乏充足信息的情况下，做出草率的决定。

界限与智慧

我们必须让孩子清楚知道，界限问题与智慧问题之间的差异。上帝清楚告诉我们什么该做，什么不该做。任何诫命或禁令，都是一种界限。至于有关智慧的问题，《圣经》并没有对一个人可能遇到的所有决定，作出明确规定，但《圣经》有关智慧方面的教导，几乎囊括人生的所有议题。

假设我正在珠宝店选购名贵的手表，电话铃响了，店员去接电话，我不需要问自己是否应该偷窃手表，这是界限问题，上帝说过："不可偷盗。"所以偷手表是错的，我不可逾越上帝设定的界限。

至于我是否应该购买呢？这就是有关智慧的问题了。没有《圣经》经文告诉我该买或不该买，但智慧教导我提出一系列深思熟虑的问题。这次购买符合上帝要我忠心管理钱财的托付吗？价格合适吗？这手表是我所需要的类型吗？我负担得起吗？在我这个年纪，我还会加上一条："数字够大能让我看清吗？"这些都是智慧的问题。然而，这次合宜的购买，却并不一定适用于下一次，对这个人而言是恰当的购买，对另一个人就不适用。这界限与智慧的问题，可以提供给孩子一个做决定的框架。

以决策者为顾问

我想说的是，我们必须向孩子示范如何做正确的决定，藉此教导孩子成为决策者。尝试与失败，不是最好的老师。如果它们是学习的最好方法，那所罗门大可不必教导儿子有关智慧的真谛。直接把儿子送进世界去摸爬滚打就行了。

青少年期的孩子，让他们自己作些决定是恰当的，但父母必须陪伴他们一起评估所作的选择。我们可以让孩子把决定从头到尾想清楚，再请父母帮忙评估他们所想的。在不致酿成大灾难的情况下，我们甚至可以允许孩子犯些错误。<u>我们有许多教导孩子做决定的机会，如果他们能先成为顺服权柄的人，那他们将会成为更出色的决策者。</u>

耶稣是我们顺服的至高榜样

陶塑子女心灵时对权威的教导，纠正了时下文化里流行的自做主张的谎言。无论是在野外远足、在开车行路、还是在做睡前准备——我们要随时随地向孩子言传身教这个真理。

耶稣是我们孩子的榜样。他自己卑微，存心顺服，听从父神的旨意，为要让我们得蒙救赎。天父差遣他到世上来，他说天父要他说的话，做天父要他做的事，全然顺服于天父。

他服从于天父，不是因为他比天父小，他本有上帝的形象，不以自己与上帝同等为强夺的，反倒虚己，为要让我们得蒙救赎。

耶稣是我们的榜样。是他，让我们有能力顺服，也使顺服变得喜乐与美好。以耶稣为乐使我们能享受顺服，在自己的职分中欢然快乐。

第八章　给孩子一个荣耀上帝的异象

我们是敬拜者

孩子生来是个敬拜者，是荣耀的给予者，这并不是他们下意识的决定，而是受造如此。本章的内容是教导孩子看到上帝的荣耀，并以敬拜来回应。

你也许会想，"那绝不会是我的小孩，他们只会在教堂里打瞌睡。"事实上，孩子是敬拜者，他们是照着上帝的样式造的，有为敬拜而做的特别设计。他们受造的眼、耳、想象力，就是目睹上帝荣耀的感受器，从而，孩子能用敬拜、仰慕和爱来回应。

孩子每天走进世界寻找答案，"什么让生命有意义？什么可以感动我、使我快乐？"孩子不用找太久，世界早已谋划好，要用廉价而空洞的享乐来引诱孩子的心。

上帝设计的孩子会敬拜，问题是，他们要敬拜什么？《罗马书》第1章19-20节说，上帝已经显明在他的创造里，他的荣耀藉着所造之物就可以晓得，叫人——孩子——无可推诿。这物质世界展现着，上帝这位创造者艺术的创意、永远的能力和智慧。因此，我们能在他荣耀的美善里，找到永恒的喜乐。

如果理当对上帝的伟大发出赞叹，并以敬拜去回应他的受造物，却不再敬拜上帝，结果会怎样呢？

他们不会停止敬拜，只是去敬拜上帝之外的其他事物。

> 因为，他们虽然知道上帝，却不当作上帝荣耀他，也不感谢他。他们的思念变为虚妄，无知的心就昏暗了。自称为聪明，反成了愚拙；将不能朽坏之上帝的荣耀变为偶像，仿佛必朽坏的人和飞禽、走兽、昆虫的样式。（罗1：21-23）

这里的关键词是"变为"，他们将对上帝荣耀的敬拜变为对受造之物的敬拜，同样的事也在《罗马书》第1章25节中出现："他们将上帝的真实变为虚谎，去敬拜侍奉受造之物，不敬奉那造物的主。主乃是可称颂的，直到永远。"

为赞叹上帝荣耀而受造

孩子喜爱惊奇，这就是我们乐于看电视运动节目的原因。我们喜欢惊讶于不可思议的技艺，因为这是一般人无法做到的，无论是足球、篮球、溜冰、滑雪，我们乐于被精湛的运动技能弄得神魂颠倒、眼花目眩。

这是人类专有的特质。南极的企鹅就不会有跳水比赛，它们可以从冰川一跃入水而镜水无痕，却没人为它们评分颁奖。大棕熊从湍急的哥伦比亚溪流中，一掌逮住鲑鱼，沿岸并没有热烈鼓掌的群熊列队，而小熊也不会把大棕熊当偶像来看，或在自己窝里张贴大熊的海报。

崇拜伟大是人类的天赋，我们照着上帝的形象受造，有敬拜的本能。我们被造是为了能赞叹渴慕上帝的荣耀。敬拜，是对伟大的回应。

心的偶像

我们的儿女或是拜上帝或是拜偶像。而偶像并非就是小的塑像，它的涵义更诡秘。《以西结书》第14章2-3节，画出一幅活生生的图画，上帝子民如何在心中建立偶像，让心成了敬拜偶像的庙堂。

我们常把偶像崇拜想成是土著人祭祀神明，或有人犯了严重的罪。《圣经》中，拜偶像是最常用的比喻，代表人爱受造之物胜过爱上帝。我们要竭力认清心中的偶像，不单要察觉辨识自己心中的偶像，也要与孩子谈论他们心中的偶像。保罗在《以弗所书》5章5节、《歌罗西书》3章5节中说得很清楚，拜偶像不只是生命中的一个书尾脚注，更是操控生命的贪婪、欲望、渴求与贪恋。

下面所列是心中偶像的提示清单。

权力与影响力

你的孩子，或许会想去操控别人。我们基督教学校里有个女孩，入校时就像个5岁大的总裁，如果被允许，她每天都会选择课间游戏，还自封为教练、裁判、边线裁判员和统计员。

她会宣布每天的着装标准："明天，我们都要穿连衫裤。"幸好上天帮助，第二天她穿的是长裤！她显然有能力吸引别的孩子去讨好她。

骄傲与成就感

或许你的孩子只在自己表现优异时，才会快乐——跑得比别人更快、跳得更高、拼字比赛成绩更优异等。永远不嫌成为舞台焦点的代价太大。他们牺牲自己、否定自我、不断演练，且愿付上任何代价。

这样的孩子所追求的一切，就是高分、赢锦标赛、尽善尽美。当他不再拥有这些荣誉时，就哀伤惆怅，意志消沉，甚至上帝和他至高的旨意也无法使他振奋。

父母和老师通常看不见这类偶像，因为积极上进的孩子，不会成为管理上的难题。事实上，大人们还引以为傲，我们非常喜爱卓越出群的孩子。我几乎可以听到询问的声音："卓越有什么错？"但请思想一下，一个拥有上帝再加上所有超凡技巧与能力的人，并不比一个只拥有上帝的人更好。

受掌声驱动而去表现的孩子，他人的赞美就是一切。在取得胜利的赛场上，充满观众叫嚣欢呼的射门，胜过练习场上无数的射门。追求优异表现的孩子是赞美的成瘾者。

占有欲

有些孩子占有欲极强，如果他的东西被弄坏了，就会很生气，而且不乐意出借属于自己的东西。

这类孩子会把寄到家里的购物广告都翻出来，指给你看会引起购买欲望的商品图片，又嫉妒别人拥有的东西。他们离开家时一定要仔细检查，确保没有人会在他们不在时碰坏他的东西。

娱乐与感官刺激

有些孩子，喜欢所有新鲜刺激的场所与活动，只要有新奇的事物可做可看就好。他们追求刺激，喜欢骑脚踏车冲下斜坡、疾速滑下滑雪道，或驾驶冲撞小赛车，他们总在寻找新的感官刺激，若没什么惊心动魄的活动可做，就觉得乏味无聊。

惧怕人与需要肯定

惧怕人与需要他人肯定，其实是硬币的两面。别人怎么看他所穿戴的鞋子、衣服、发型与想法，几乎会让这类孩子瘫痪。十几岁的孩子因为渴望获得朋友的认同，害怕受窘，会故意装作不认识自己的兄弟姊妹。他们宁愿做错事，也不愿显得不酷。他们沉溺于他人对自己的关注，即使这种关注是负面的也在所不惜。

友谊

友谊，常成为孩子价值的标志。他们对朋友的忠贞，

甚至会超过对父母的忠实。欺骗父母可能比怀疑朋友更容易。友谊的波动，可能导致他们情绪的剧烈摇摆和亲子间的不信任。

万事通

有些孩子似乎热衷于做个万事通。通晓最新上市的电影、音乐CD、电玩，是他神圣的使命。即使谈及他所不知道的信息，也会设法装假。他们时刻注视着最流行的服饰、用语、看法与图标。若他们什么也不是，至少还是个万事通。

偶像无法令人满足

实例不胜枚举。全世界也无法满足人类心灵的空虚，只有以我们的心为居所的上帝，才能全然满足我们的心。

你的孩子不是爱慕与服侍上帝，就是用谎言取代上帝的真理，敬拜服侍受造之物，而不去敬拜造物的主。我们要让孩子了解，心原本就有制造偶像的倾向。

当我们说到心的偶像时，别只想到那些恶名昭彰的罪，更要想到那些仿佛无关痛痒，却让孩子投入无数时间与精力的嗜好，以及那些对心带来刺激的白日梦，而这样的心却还未能因认识上帝而找到真实永恒的喜乐。

帮助孩子得见上帝的荣耀

当心中的偶像被更大更美的喜乐取代时，偶像就失去了

在灵魂中的立足之地。<u>孩子与生俱来就渴望追寻永恒而非暂时的喜乐。</u>

因为孩子具有敬拜上帝的独特设计，所以我们最重要的一项呼召，就是去呈现上帝的荣耀，帮助孩子看到上帝令人惊叹的奇妙。<u>孩子若不能正确认识上帝，就永远无法正确认识自己。</u>

《诗篇》145篇，用丰富的语言描述了这项必要的教导，指出为人父母最重要的任务："这代要对那代颂赞你的作为，也要传扬你的大能。我要默念你威严的尊荣和你奇妙的作为。人要传说你可畏之事的能力……他们记念你的大恩就要传出来，并要歌唱你的公义。"（诗145：4–7）这为人父母之道作了总结，就是颂赞上帝的作为。

最奇妙深邃的喜乐，在于认识上帝。孩子心内诡诈的声音会欺骗他们说，生命的意义要在别处找寻，但陶塑子女心灵的教育展示出上帝的美好，反映了上帝属性与大能的灿烂光华，荣耀的上帝是配得赞美的，上帝的属性赋予我们盼望与信心，他配得我们一切的信靠、赞美与称颂。

《诗篇》中上帝的荣光

让我们快速回顾几首在不同境况下显出上帝荣耀的诗歌。你的孩子可能觉得每件事都糟透了，仿佛一切都在跟他作对，那他就是在提出《诗篇》第4篇6–7节的问题。

有许多人说："谁能指示我们什么好处？"
耶和华啊，求你仰起脸来，光照我们。

你使我心里快乐，胜过那丰收五谷新酒的人。

孩子沮丧时，谁可以帮助他呢？

请注意这段文字描绘的画面，"耶和华啊，求你仰起脸来，光照我们。"这是多么美丽的比喻，亲近神比丰收五谷新酒更快乐。

让这幅图画在我们脑海中沉浸。大卫写诗的古老年代，没有食物防腐技术，也没有温室，食物不吃就会腐烂，当我们想到辛劳耕作、播种、栽培与收成的喜悦时，诗人在此处的比喻显得格外强烈。你能想象丰收的喜悦吗？

把这个比喻带到气馁的孩子面前："孩子，当凡事皆悖、万事不顺的时候，还记得大卫是怎么回答的吗？最大的喜乐，是享受上帝的同在。"

孩子总试图用次等的快乐来满足自己，我们也是一样。你是否发现自己疲惫不堪、情绪低落地站在打开的冰箱前？你在做什么，不是已经吃过了吗？你企图在吃剩的炸鸡或一杯冰淇淋中寻找慰藉，孩子也在搜寻舒解不安的方法。

哦，让我们住在上帝荣耀同在的光中，就近他去祷告，默想他的美善，以他为乐，他会使我们心里快乐，胜过丰收五谷新酒（或一袋薯片）。永远的喜乐在上帝那里。

上帝啊，求你保佑我，因为我投靠你。

我的心哪，你曾对耶和华说："你是我的主，

我的好处不在你以外。"（诗16：1-2）

耶和华是我的产业，是我杯中的分；

我所得的，你为我持守。

用绳量给我的地界，坐落在佳美之处；

我的产业实在美好。（诗16：5-6）

因此，我的心欢喜，我的灵快乐，

我的肉身也要安然居住。（诗16：9）

你必将生命的道路指示我。

在你面前有满足的喜乐，

在你右手中有永远的福乐。（诗16：11）

指引孩子来到上帝面前，他是喜乐的源泉，在他有永远的福乐——最伟大的荣美、最崇高的价值、最深切的满足、最长久的欢悦、最丰盛的喜乐、最美好的友谊——上帝那里有永远的福乐。

每一天都说，"我可以指示你生命之道，我可以指示你哪里有满足的喜乐。你可以进入永远的福乐，认识上帝，并以上帝为乐，这福乐可以持续到永远。"这样的诗歌，是你在害怕怀疑时的盼望吗？请以此向孩子身体力行作示范。

以神为乐持续到永远，在后来的世代，上帝会更多地显明他奇妙美善的丰富（参见弗2：7）。每天都是上帝荣光的新篇章，我们永远也不会觉得无聊，因为作为有限受造物的我们，将永远对上帝这位无限的创造者发出赞叹与颂扬。

陶塑心灵的教育能切合孩子的实际需要。紧紧抓住永活真神的荣耀与奇妙。孩子的心会因认识上帝的伟大美善，而得到坚立和鼓舞。留意孩子们渴求快乐的方式，寻找良机指

示他们来到永远的福乐面前。

今天的每样事物都打着"保证满意"的标签，事实却恰恰相反。以上帝为乐的人，认识到上帝会让生命越发丰盛。要指引孩子去认识，那满足我们心灵的上帝的荣美。

> 耶和华是我的亮光，是我的拯救，我还怕谁呢？
> 耶和华是我性命的保障，我还惧谁呢？
> 那作恶的，就是我的仇敌，
> 前来吃我肉的时候，就绊跌仆倒。
> 虽有军兵安营攻击我，我的心也不害怕；
> 虽然兴起刀兵攻击我，我必仍旧安稳。
> 有一件事，我曾求耶和华，我仍要寻求：
> 就是一生一世住在耶和华的殿中，
> 瞻仰他的荣美，在他的殿里求问。（诗27：1-4）

这是一首写在被围攻时的诗。当作恶的、仇敌、甚至军兵都来攻击诗人时，他对上帝只有一个请求，让人惊讶的是，他没有在受困时呼求得拯救，而宁愿寻求就近上帝。他渴慕瞻仰主的荣美，寻求他，以他为避难所，作曲歌颂上帝。

大卫最大的拯救是属灵的，而非肉体的。当一切混乱失控时，上帝的同在带来拯救。

你的孩子有时会遇到困难——其他孩子的嘲弄、辱骂或残忍的对待。你的孩子在这些黑暗时刻里最深切的需要，是以上帝为他的避难所。这是向孩子描述上帝慈爱呵护与安慰的大好机会。

提醒孩子这些天生的敬拜者，上帝的慈爱比生命更好。

> 耶和华啊，你的慈爱上及诸天，
>
> 你的信实达到穹苍。
>
> 你的公义好像高山，
>
> 你的判断如同深渊。（诗36：5-6）

诗篇作者用浩衮的创造来描写上帝的属性。上帝的慈爱与信实，浩瀚如宇宙；他的公义，高耸如喜马拉雅山；他的判断，深如海洋。多么生动又写实的图画，描绘出上帝的伟大与荣耀！可用这些图像，来向孩子讲述上帝的奇妙与荣耀。

宇宙天地已经显明，耶稣基督造物主无限的大能、奇妙的智慧与无比的伟大，天地万物都在展示上帝永恒的神性。他所造的世界有高山、森林、葡萄园、田野、草原、沙漠、山口、路径、小道、泉源、喷泉、水塘、小溪、河流、海洋，让我们用有形的图像教导孩子上帝的美善。他设定人际关系，君主、臣民、管理者、国家、家庭、父亲、母亲、姊妹、兄弟、子女、丈夫、妻子——因此我们可以认识上帝的智慧与美善。他命定四季——播种、收割、寒冷、炎热、春天、云雾、雨水、夏天、秋天、冬天甚或冰雪，来显示他的信实。他为世界装点高楼、屋宇、门墙、寺院、宫殿，以供我们各项所需；他让树木开花结果、花朵盛放凋零、青草生发枯荣、羊群与牧人、大熊和小熊，来揭示他的无穷与我们的有限；太阳、月亮、星宿，诉说他的永能与神性；我们的身体精致灵巧，有头、有手、有脚，有眼可看、有口可说、有耳可听，样样都展现上帝的奇妙；他一切的创造——丰盛筵席、灯火、黑暗、哭泣、欢笑、黄金、白银、宝石，都是独特的设计以宣告宇宙主宰之神的智能、美善、创意与伟大。

我们可随意撷取上帝所造万物的一点一滴，来诉说上帝的奇妙伟大；每日的生活，都是讲述上帝荣耀的机会。

大卫在《诗篇》36篇又接着说：

> 耶和华啊，人民、牲畜，你都救护。
> 上帝啊，你的慈爱何其宝贵！
> 世人投靠在你翅膀的荫下。
> 他们必因你殿里的肥甘得以饱足，
> 你也必叫他们喝你乐河的水。
> 因为在你那里有生命的源头，
> 在你的光中，我们必得见光。（诗36：6-9）

上帝邀请我们和孩子享用属灵的佳宴，请深深汲饮他乐河的水，将自己浸润于永不干涸的生命源泉。

我们有特权可以告诉孩子："孩子，有位丰盛的救主基督，他可以解你灵魂的饥渴，而你也是为他所造，不要用谎言代替这个真理，要敬拜服侍造物主，而不是受造物。"

上帝的慈爱，比生命更好。

> 上帝啊，你是我的上帝，我要切切地寻求你；
> 在干旱疲乏无水之地，我渴想你，我的心切慕你。

我在圣所中曾如此瞻仰你，

为要见你的能力和你的荣耀。

因你的慈爱比生命更好，我的嘴唇要颂赞你。

我还活的时候要这样称颂你，我要奉你的名举手。

我在床上记念你，在夜更的时候思想你，

我的心就像饱足了骨髓肥油，

我也要以欢乐的嘴唇赞美你。（诗63：1-5）

以上帝为乐，能恢复我们对终极价值的认识。敬拜上帝，能激励我们寻求单以上帝为满足的喜乐。世事转瞬即逝，不值得我们全心投入。

以上帝为乐，使灵魂苏醒。我们倾心的一切若与神相比，都将黯然失色。以上帝的荣耀为乐的心灵，可以屏除世界嘈杂的纷扰。

帮助孩子以上帝为乐。你或许会想："我不需要什么沉重的神学理论，我只想学习实用的养育之道。"请记得这点，如果没能让孩子看到至高上帝值得我们敬拜，孩子就不会成长为真正认识上帝的人。

约翰·班扬，在因信仰入狱的年日里，十分思念他的家人，但上帝让他看到，"上帝的无限与奇妙，比世上的快乐更让人满足，甚至胜于家庭亲人的相聚，生活的快乐稍纵即逝，但上帝的慈爱比生命更好。"

向孩子描述上帝的属性、他奇妙的作为以及在他里面灵魂得以满足的喜乐。"孩子，你灵魂所寻觅的满足，只有

在上帝那里才能得着。"亚萨在《诗篇》第73篇25–26节里说：

> 除你以外，在天上我有谁呢？
> 除你以外，在地上我也没有所爱慕的。
> 我的肉体和我的心肠衰残，
> 但上帝是我心里的力量，
> 又是我的福分，直到永远。

如果想给孩子一个在主日唱诗的理由，给他荣耀的上帝；如果想给孩子一个不在星期一犯错的理由，给他荣耀的上帝；如果希望孩子心中思想的是高尚的主题，而不是新版麻痹心灵的奇幻电玩，给他荣耀的上帝；如果希望孩子追寻伟大的梦想，而非色情、钱财或更多的物质，给他荣耀的上帝；如果想给孩子一个在生活混乱失控时依然坚固的理由，请给他荣耀的上帝。

当朋友提供即兴犯罪的乐趣时，孩子需要荣耀的上帝。敬虔的畏惧——敬畏与尊崇激发真诚的敬拜——也需要荣耀的上帝。在上帝面前应大大战兢，用敬畏与尊崇去敬拜他，上帝的荣耀，点燃真实敬拜与敬虔生命的火花。

人的饥渴，如何满足？唯有安歇于上帝。耶稣愿意为你、为我，献上自己为祭，多么奇妙？长久的快乐，在于更亲近认识这位永生上帝。在上帝那里，有胜过一切的满足，是任何试探试炼所不能减少、任何成功欢乐所不能加增的。

福音的中心是上帝的荣耀

我们住在一个危险的世代，现代传道学已削减了许多福音的信息与目的。有些福音派基督徒只看重领人作决志祷告，以为这样就能使他们进天堂，然而福音的中心是上帝的荣耀。上帝是忌邪的，他为自己的荣耀，差遣独生子来救赎败坏罪恶和不配的百姓（参见赛42：8），圣子祷告那跟随他的人，也能看见父独生子的荣耀（参见约17：24），上帝的荣耀又感动他拣选人（参见罗9：23）。

上帝为自己的荣耀，把救恩赐给败坏的人。当上帝被尊崇超过一切，成为你最大的奖赏和喜乐的泉源时，神就得了荣耀。

《诗篇》第96篇1-3节：

> 你们要向耶和华唱新歌，
> 全地都要向耶和华歌唱。
> 要向耶和华歌唱，称颂他的名，
> 天天传扬他的救恩。
> 在列邦中述说他的荣耀，
> 在万民中述说他的奇事。

救恩的宣告，是上帝荣耀的宣告；福音的中心是上帝的荣耀。他的伟大配得称颂，超乎万神之上配得敬畏，他大有光华、荣耀、威严。他作王。

上帝不是为了人而存在，但人是为了上帝而活。《圣经》中的上帝是人敬拜和尊崇的对象。耶稣基督将人从败坏

堕落中挽回，成为真诚敬拜上帝的人。

财富原则

《马太福音》13章44节："天国好像宝贝藏在地里，人遇见了就把它藏起来，欢欢喜喜地去变卖一切所有的，买这块地。"

人发现了宝贝，再掩埋起来希望没有人看见，他满心欢喜变卖所有买这块地，为的是能拥有这宝贝。他变卖家产不是出于义务，你能想象他在发现宝贝后这样说吗？"怎会在地里发现了宝贝呢？真倒霉！现在我非得卖掉我的家当去买这块烂地，来拥有这宝贝。"他不是出于勉强变卖家产，而是出于全然的欢喜。这宝贝让他心驰神往。

天国就是这样。除非孩子明白，认识耶稣，爱耶稣胜过世上的一切，他值得我们变卖所有，否则孩子永远无法认识、爱慕与服侍耶稣。以上帝为乐的心不会自然生发，我们要向孩子展示上帝的奇妙。

孩子是饥渴的

你们一切干渴的都当就近水来，

没有银钱的也可以来。

你们都来买了吃；

不用银钱，不用价值，也来买酒和奶。

你们为何花钱买那不足为食物的，

用劳碌得来的买那不使人饱足的呢？

你们要留意听我的话，就能吃那美物，

得享肥甘，心中喜乐。

你们当就近我来，侧耳而听，就必得活。（赛55：1-3）

孩子具有敬拜上帝的独特设计，他们有饥渴的灵。告诉他们，哪里可以找到活水。记得耶稣的话吗？"人若渴了，可以到我这里来喝。信我的人，就如经上所说'从他腹中要流出活水的江河来'。"（约7：37-38）。所有的饮料会越喝越少，但这种水却在内心变为泉源。

为何至关重要？

意义一：诠释代表一切

孩子会对周遭发生的一切进行诠释，他们对环境的解读决定了他们会做出何种反应。解读生命的关键，在于上帝的荣耀。直面上帝荣光的孩子，能正确诠释生活所遇的经历与机会，而一切诠释的首要真理，就是《圣经》中上帝的存在、属性与他的荣耀。

《以赛亚书》40章，上帝安慰他被掳的子民，宣告上帝的大能与无限，他舀起海洋置于手掌；他铺张穹苍、展开诸天，列国在他面前好像蝗虫；他按数目领出星宿无一缺失；他兴起也废去国王与臣宰。所以先知提问："雅各啊，你为何说：'我的道路向耶和华隐藏？'以色列啊，你为何言：'我的冤屈上帝并不查问？'你岂不曾知道吗？你岂不曾听

见吗？永在的上帝耶和华，创造地极的主，并不疲乏，也不困倦，他的智慧无法测度。"（赛40∶27-28）

以色列需要牢记创造万物和支撑万物的主的荣耀，由此，他们才能对遭遇的处境作出正确的诠释。

意义二：孩子为找乐子而犯罪

告诉孩子，罪中之乐转瞬即逝。永恒持久的快乐，来自认识与爱慕上帝。正如奥古斯丁所说："我们是为上帝造的，只有回到神这里，我们的心灵才得安息。"

意义三：不要喂养偶像

我看到许多父母在喂养孩子心中的偶像，为孩子占有欲得到满足而快乐，用刺激享乐填满孩子的生活。花费无数时间、金钱、精力培养孩子的表演能力，参与过多活动以致全家没有时间一起吃饭、灵修、谈话和娱乐。

我也看到孩子们穿着小联盟球队制服来教会，11点55分时，全家悄悄溜出主日崇拜，因为比赛在中午开始，教练不准迟到的球员上场。崇拜是欢庆上帝同在，并聆听他话语的时刻，当牧师分享《圣经》，讲解《圣经》在生活中的运用时，整个家庭却一起离开，因为到点了——孩子得参加小联盟比赛。如果这个孩子能够认识到生命在于认识主耶稣，那一定不是从他父母而来的榜样。

愿上帝除去我们属灵的障蔽！孩子们可以参加的活动不胜枚举，在令人眼花缭乱的选择中，父母要仔细思想，如何带领孩子更亲近上帝，而不是远离上帝。

我不是反对享受上帝所赐的祝福，如果家庭宽裕足以提供孩子舞蹈、体育或钢琴课程是种祝福，也是孩子的福气。我并非在为苦行主义辩护，只希望父母不要呈现给孩子物质主义的世界观，把上帝变成了蛋糕上的装饰糖衣。上帝应是蛋糕本身！

> 父母在为孩子报名参加任何活动之前，可以先使用简单的决策树形图。要花费多少？有什么责任义务要履行？一星期有几个小时要待命？这项活动是否与其他优先事项抵触？（比如家庭敬拜、家庭餐饮、教堂崇拜等等）教练的世界观如何？（他的语言、价值观、家庭观等）对其他家庭成员的影响如何？是否受益大过所付上的代价？

意义四：为上帝而狂喜快乐

孩子必须亲眼看到我们以主为乐。如果孩子询问："什么可以让爸妈跳起来？"答案应该是你对上帝的爱，孩子也会因此来就近上帝。

引用毛里斯·罗伯特所写的："狂喜与快乐，对信徒灵魂十分必要，它们将提升信徒的满足感。我们并不希望生活缺乏属灵的快乐，如果信徒的心灵长期没有温暖的经历，会很容易被肉体世俗的快乐所引诱而远离圣灵。我们的灵魂，有渴望向外寻索满足的特质，若无法获得属灵的满足，它就会拥抱世俗……信徒如果允许自己长期不体验基督的爱、不去品尝救主同在的美好，就会陷入属灵的危险。当基督不再充满我们的心，使我们得以满足，我们的灵魂就会去悄悄寻觅其他的最爱。"

意义五：如何获得并持守荣耀上帝的异象

默想属灵真理

学习默想《圣经》中描写上帝属性与作为的经文。《诗篇》和《箴言》充满了描绘上帝美好的经文，可以使我们灵魂得到更新。我们可用自己的语言来思想这些特质，如果上帝被描写成父亲，就把他当作自己的父亲——完美的父亲。默想好父亲会为儿女所做的一切事。如果神被形容成避难所，就想象他如何成为你的避难所，你在生命的风暴中，如何躲进他里面。

> 如何获得并持守荣耀上帝的异象？
> 1. 默想属灵真理
> 2. 激发自己属灵的动力
> 3. 表达属灵喜乐

你越多默想上帝的属性与作为，就越会以上帝为乐，这能扩大我们对主的信心和欢喜快乐的能力。当我们在主里欢喜相信他是我们的一切时，我们就会越发以他为乐。一个拥有了一切再加上上帝的人，一点也不比一个单单只拥有上帝的人更美好。

激发自己属灵的动力

利用开车时间吟唱圣乐与经文诗歌、聆听讲道与基督徒的有声书籍，订阅每日灵修的电子邮件，阅读激发属灵追求与增强圣洁渴慕的基督徒传记，总之要不断地将自己置于圣洁的火热之中。

被上帝惊叹会使你成为更好的父母。以神为乐可以减少罪对你的影响力。祷告将成为你抵御诱惑的第一道防线。

表达属灵喜乐

讲述自己属灵的快乐与胜利，这也会增长你对上帝的渴慕，C.S.路易斯（C.S.Lewis）观察到：赞美，不但是种表达，它更完全了我们为所爱之事欣喜的快乐。

意义六：孩子与青少年能"懂"

不少基督徒很怀疑，他们的孩子是否真能被荣耀上帝的异象所打动。孩子一定可以，他们被造就是为了这个真理，这是孩子深切渴慕的真实答案，是不证自明的真理。我们的孩子也一定能"懂"。

我曾多次欣然看见家里与教会的年轻人，拥抱这项真理，也曾遇见来自世界各地的年轻人，在以上帝荣耀为乐的真理中被启发、被感动。然而可惜的是，如今许多青少年事工，一味用文化的陈腔滥调迎合年轻人。年轻人是理想主义者，他们渴慕伟大、荣耀并值得为之付上代价的生命意义。

意义七：荣耀是起点也是终点

基督徒的生命，始于上帝的荣耀。保罗在《哥林多后书》第4章说到世界的神弄瞎了不信之人的"心眼"，不叫基督荣耀福音的光照着他们。在救恩里，上帝行了和创造天地一样的奇事："那吩咐光从黑暗里照出来的上帝，已经照在我们心里，叫我们得知上帝荣耀的光显在耶稣基督的面上。"（林后4：6）基督徒的生命，始于荣耀。

基督徒在持守上帝的荣耀中成长进深。"我们众人既然敞着脸得以看见主的荣光，好像从镜子里返照，就变成主的形状，荣上加荣，如同从主的灵变成的。"（林后3：18）我们越发惊叹陶醉于上帝，就会越发变得像他。

让我们回转到救主的面前，持守他的荣耀，变成主的形象，这一切，我们的孩子都将会看到。

第九章　智慧与愚昧

　　我跟孙子们常玩一种游戏，我会先说："我想你可能不是个男孩，你也许是只猴子吧。"

　　"不是，爷爷！"他们开始嬉笑，因为知道接下来会怎样，"我是个男孩啦。"

　　"是吗，我不知道呢，你有两个眼睛，猴子也是。你有两条手臂，猴子也是。让我看看，你有两条腿，所有我见过的猴子也都有两条腿。对啊，你头上也有毛发，还有两只耳朵、一张嘴、一个鼻子，我想你是只猴子，因为你们全都一样。"

　　"但是，爷爷，"他们抗议："猴子有一条尾巴，而我没有。"

　　"喔对，你没有尾巴，我猜你应该不是只猴子。"

　　每个孩子都知道，有时最有效的区别方式，就是比较。这章，我们将比较智慧与愚昧。

《圣经》谈论的智慧

智慧，就是敬畏上帝。我们从《箴言》9章10节学习到，"敬畏耶和华是智慧的开端，认识至圣者便是聪明。"

"敬畏上帝"是什么意思呢？敬畏神，就是尊崇、畏惧上帝，这是小孩子可以学习的。在我们谈到敬畏上帝时，要确保你的孩子不会把这想成恐怖电影，或是奴隶式的恐惧。最近，在我陪五岁的小孙子骑车时，他说起了敬畏上帝。

他说："爷爷，你知道上帝很危险吗？我爸爸说，上帝很厉害，他什么都能做，而且没人能阻止他，上帝很危险，爸爸说'上帝很好'但是很危险。"这是幼儿园孩子对敬畏上帝的解释。

如果孩子懂得敬畏上帝，他们就能用智慧的方式来生活。

《圣经》谈论的愚昧

《圣经》对愚昧的定义简单扼要，"愚顽人心里说：'没有上帝。'"（诗14：1）如果没有上帝，我就是自主的了——我就是自己的律法。生命中再没有比"什么能让我高兴"更重要的了。

虽然孩子嘴里没说出来，但这种愚昧的想法，正是他们每天各式各样冲动的理由，这会表现在所有不顺服、自私、任意发火和自恋的行为中。

愚昧的追求

愚昧的人只求愉悦自己，他们的欲望是如何表现的呢？

寻欢作乐

《传道书》第2章里的愚昧人，和如今的愚昧人一样，是个寻欢作乐者。他说："来吧！我以喜乐试试你，你好享福……凡我眼所求的，我没有留下不给他的；我心所乐的，我没有禁止不享受的。"（传2：1，10）对愚昧人而言，寻欢作乐有极大的吸引力，这也是今日大众文化用来诱惑孩子的手段。

我最近与一位高中生谈话，他说："现在正是让我胡闹疯狂的好年纪。"不幸的是，他的心态恰是时下年轻人的写照。他们以为胡闹疯狂，就等于是快乐时光。

所罗门，《传道书》的作者，早已觉察出寻欢作乐的愚昧：

> 我指嬉笑说：这是狂妄；论喜乐说：有何功效呢？
> 忧愁强如喜笑，因为面带愁容，终必使心喜乐。
> 愚昧人的笑声，好像锅下烧荆棘的爆声，
> 这也是虚空。（传2：2；7：3，6）

替代品

吸毒、酒精都是追求感官刺激的捷径。《传道书》作者也曾尝试寻找能使心情转变的替代品，"我心里察究，如何用酒使我肉体舒畅"（传2：3）。这些用来改变理智与情绪的替代品，只能提供一丝短暂陶醉，或掩饰年轻无知的惶

恐、或营造一时欢愉的假象。这个世界到处都在向我们的孩子兜售这种愚昧的享乐。

在心里说"没有上帝"的孩子，无法由内向外抵挡这愚昧的建议。智慧，才能带来内心的信念。

经过一段时日，这些原本用于享乐的替代品，摇身一变成为了主人。成瘾于此的人已经别无选择，因为这些替代品掳掠了人的生命。

感官刺激

《传道书》的作者深谙宴乐之道。"我又为自己积蓄金银和君王的财宝，并各省的财宝；又得唱歌的男女和世人所喜爱的物，并许多的妃嫔。"（传2：8）在1950年代，一个愚昧人创办了一本色情刊物，并开创了一种奇幻宴乐的生活方式，称为《花花公子》。直到21世纪初，这位80好几的老头，还在一群20出头女人的簇拥下，出现在芝加哥的夜总会，深得现今文化的羡慕，而我们正在这样的文化中养育孩子。

追求感官刺激的愚昧人，被不止息的欲望驱使，永远无法得到满足，只能一步步坠入更深更重的失望。

> 凡我眼所求的，我没有留下不给他的；我心所乐的，我没有禁止不享受的……后来，我察看我手所经营的一切事和我劳碌所成的功，谁知都是虚空，都是捕风，在日光之下毫无益处。（传2：10-11）

功成名就

成就。有人用成就来定义人生，而《传道书》作者却明白汲汲营营的陷阱。今天，我们或许称他为成功的开发商，他这样写："我为自己动大工程，建造房屋，栽种葡萄园；修造园囿，在其中栽种各样果木树；挖造水池，用以浇灌嫩小的树木。"（传2：4-6）不认识上帝，徒然以成功为目标是愚昧的。

孩子或许认为成就可以带来快乐。他们全心追求学业或运动领域的卓越，却始终无法被满足。我们将会在随后的章节提到，如何以荣耀上帝为目的，在成就中喜乐。

财富。愚昧人会发现，即使达到富裕的目标，也不会觉得满足。我们必须提醒孩子，若用财富或资产作为衡量成功的尺度，结果永远都是失望的，因为拥有的越多，担心忧虑也越多。"贪爱银子的，不因得银子知足；贪爱丰富的，也不因得利益知足。这也是虚空。货物增添，吃的人也增添，物主得什么益处呢？不过眼看而已。"（传5：10-11）以财富作为自我满足的终点毫无意义，但财富可以用来行善，帮助教会和有需要的人。（参见提前6：17-18）

传道者的回应。愚昧人的目标是在上帝之外取得成功，结果将是虚空，只是徒劳。这是《传道书》的见证。

> 我所以恨恶生命，因为在日光之下所行的事，我都以为烦恼，都是虚空，都是捕风。我恨恶一切的劳碌，就是我在日光之下的劳碌，因为我得来的

必留给我以后的人。那人是智慧，是愚昧，谁能知道?他竟要管理我劳碌所得的，就是我在日光之下用智慧所得的。这也是虚空。故此，我转想我在日光之下所劳碌的一切工作，心便绝望。因为有人用智慧、知识、灵巧所劳碌得来的，却要留给未曾劳碌的人为份。这也是虚空，也是大患。人在日光之下劳碌累心，在他一切的劳碌上得着什么呢?因为他日日忧虑，他的劳苦成为愁烦，连夜间心也不安。这也是虚空。（传2：17-23）

教育

甚至教育，若作为最终目标，也会是愚昧的追求。记住，愚昧人活得好像上帝不存在，不以上帝为基本的教育也是愚妄。至于认识上帝的人，必须明白教育的价值在于，装备我们更好地服侍上帝。此章稍后，会继续深入讨论。

玛吉在与从基督教学校来的初中生进行面谈时提问："为什么要学习？"学生的回答显示出，他们对教育目标的认识十分有限。

"可以进入最好的大学。"

"好的教育带来好的工作。"

"接受高等教育，以后可以赚很多钱。"

虽然这些也许都是为年轻人在成年后服侍上帝所作的必要准备，但这些目标本身，却没有一项是足够充分的。

《传道书》作者也曾尝试过教育，他说："我专心用智

慧寻求查究天下所作的一切事。"（传1：13）

大众文化对教育充满信心，仿佛认为教育是解决所有问题的答案。当吸毒问题猖獗时，数百万美元被投入药物教育项目。许多金钱被投入性教育，但仍无法阻挡性病、青少年怀孕、堕胎的浪潮。

信息无法治愈人灵魂的疾病，也无法满足心灵的饥渴。教育，无法赋予生命意义与目标。

愚昧人的结局

对学术的无知不是我们最大的敌人，悖逆才是。愚昧人的问题不在于缺乏信息，而在于悖逆上帝，他通过主动或被动的方式，拒绝承认上帝的主权。《罗马书》1章28节说道："他们既然故意不认识上帝，上帝就任凭他们存邪僻的心，行那些不合理的事。"愚昧人所受的教育越多，他的愚昧就越世故而狡猾，学术教育能够武装头脑，却无力净化心灵、无法阻止抵挡上帝的暗流。（罗1：18）

追求智慧的生命

我们对上帝的敬畏让我们知道上帝是终极的。他关乎一切，在他荣耀的同在中，知道自己蒙悦纳、为他所爱是何等奇妙。难怪《诗篇》作者会说："主耶和华啊，你若究察罪孽，谁能站得住呢？但在你有赦免之恩，要叫人敬畏你。"（诗130：3-4）约翰·牛顿（John Newton）在《奇异恩典》

中写道："如此恩典使我敬畏，使我心得安慰。"

敬畏上帝，就是回应他的圣洁与对罪的恨恶。敬畏上帝的人知道神荣耀可畏。敬畏，是在伟大君王面前的敬仰尊崇，并深知上帝恨恶罪恶，定意用他的慈爱，饶恕赦免我们的罪。

如何让孩子学习敬畏上帝呢？回答之前让我再问一个问题，如果孩子知道后院藏着宝贝，他们会怎样呢？他们会挖遍后院每寸土地去寻找宝贝。学习敬畏上帝，就得去寻找，好像找寻隐藏的宝贝那样，上帝不会在切慕寻求他的人面前隐藏。

唯有上帝，能吸引我们的孩子亲近他。上帝自己，要教训孩子真理之道，无论周遭愚昧的喧嚣诱惑何等嘈杂，我们的孩子将单单爱慕与敬畏神。我们作为父母、祖父母和老师，对孩子的教导只是上帝所使用的途径之一（参见申4：10）。另外一个方式，就是为我们的孩子，敬虔地、不停歇地代祷。（参见西1：9-14）

智慧生命的祝福

聪明之福

敬畏上帝，就有聪明。《诗篇》说："敬畏耶和华是智慧的开端，凡遵行他命令的是聪明人。"（诗111：10）这和缺少聪明的愚昧人是鲜明对比。《箴言》13章20节说："与智慧人同行的，必得智慧；和愚昧人作伴的，必受亏损。"
他的亏损来自于与愚昧人作伴，但他却叫喊着说："这不公
平。"而敬畏上帝的人，有神所赐的见识与辨别力。

长寿之福

敬畏上帝，增添岁月年日。我们教会里有位年轻人，在
认识上帝以前，曾是多年的败家子，虽然我年长他35岁，但
他却参加过比我更多的同辈葬礼。生活放荡的人，往往活不
长久，所罗门在指教他儿子君王之道时就警告说："敬畏
耶和华使人日子加多，但恶人的年岁必被减少。"（箴
10：27）

敬虔之福

敬畏上帝，使我们能重新校准价值观。如今的文化就像
购物商城中，有人恶作剧地调换了所有商品的价目牌，名表
被贴上了廉价梳子的标价，高级套装卖得比领带更便宜。同
样，人们看中外表而不是品格，仁慈良善比不上一辆新车。
但是敬畏上帝的人，能够依据生命正确的价值观生活。

品德之福

敬畏上帝，能培养道德的意识。追求智慧的人，懂得去
思索生命的深刻意义，他们的个人标准与信念高过"及时行
乐"。《箴言》15章这样描述："少有财宝，敬畏耶和华，
强如多有财宝，烦乱不安。"（箴15：16）

尊荣之福

敬畏上帝，带来尊荣。孩子希望获得关注与肯定。他们对衣着装饰的挑选，以及打扮自己的方式，往往是他们内心渴望被肯定的流露，这也是上帝在人身上的部分形象。《箴言》一针见血地论到了尊荣与认同："敬畏耶和华，是智慧的训诲，尊荣以前，必有谦卑。""敬畏耶和华心存谦卑，就得富有、尊荣、生命为赏赐。"（箴15：33，22：4）

年轻人多半看重眼前，所以常常需要被鼓励去放眼未来，而未来不但包括今生——他们的成年人生活，还包括永生。（罗2：7）

永乐之福

人灵魂的受造，是为了永恒的快乐。"上帝造万物，各按其时成为美好，又将永生安置在世人心里。然而上帝从始至终的作为，人不能参透。"（传3：11）上帝在人心里，放置了对永生的追求。《诗篇》16章11节说道："在你面前有满足的喜乐，在你右手中有永远的福乐。"

我记得这首从小吟唱的诗歌："从亘古主已爱我，蒙恩后我才领悟，圣灵降下教导我，使我更多认识主。"

认识上帝，使今生的喜悦更丰富。他是喜乐之源，又延续生命，使我们享受福乐。在心里说"没有上帝"的人，无法真实经验生命之福。

《箴言》，很适合每天全家人一起阅读。我

们家的习惯是在全家共进早餐时，一起阅读《箴言》。我们看今天是几号，就阅读那一章。接着我会问每个孩子，哪句经文特别引起了他们的注意。

在我女儿和儿子上大学时，他们常常利用下午一起在一家工厂打工。有一天玛吉和我回家，发现《箴言》打开在餐桌上，原来两个孩子打工前，彼此互相朗读了一章《箴言》才出门。时至今日，孩子们都已成人，每天阅读《箴言》，仍是他们的生活习惯。一再听到的真理，已经成为他们思想与生命的一部分。

属灵成就

《箴言》第2章，讲到真的成功与敬畏上帝之间的关系。

> 我儿，你若领受我的言语，存记我的命令，
> 侧耳听智慧，专心求聪明，
> 呼求明哲，扬声求聪明。
> 寻找他，如寻找银子，
> 搜求他，如搜求隐藏的珍宝，
> 你就明白敬畏耶和华，得以认识上帝。
>
> （箴2：1-5）

人们常把著名的运动员、富裕的商人、知名的学者看为是成功人士，而《箴言》第2章把成功定义为获得上帝所赐的智慧、聪明与判断力。

因为耶和华赐人智慧，

知识和聪明都由他口而出。

他给正直人存留真智慧，

给行为纯正的人作盾牌，

为要保守公平人的路，

护庇虔敬人的道。

你也必明白仁义、公平、正直，一切的善道。

智慧必入你心，你的灵要以知识为美。

谋略必护卫你，聪明必保守你。

（箴2：6-11）

假设你有个13岁的儿子，精力充沛、迫不及待地想被当成大人看待。他面临着许多强烈的诱惑。有些诱惑来自一些傲慢、无礼、粗暴与淫秽的男孩。这些男孩想拉你儿子入伙，他们有着"传道士"般的热忱，竭力教唆你儿子脱离正道，进入他们堕落与败坏的黑暗之路。还有些诱惑来自女孩，她们试图挑逗勾引你的孩子。

你的孩子怎能胜过这诸多诱惑呢？——唯有靠着对上帝的敬畏之心。

（智慧）要救你脱离恶道，脱离说乖谬话的人。

那等人舍弃正直的路，行走黑暗的道，

欢喜作恶，喜爱恶人的乖僻，

在他们的道中弯曲，在他们的路上偏僻。

智慧要救你脱离淫妇，就是那油嘴滑舌的外女。

> 她离弃幼年的配偶，忘了上帝的盟约。
>
> 她的家陷入死地，她的路偏向阴间。
>
> 凡到她那里去的，不得转回，也得不着生命的路。
>
> （箴2：12-19）

得着神所赐的智慧，才是成功的真正定义。若没有敬虔的智慧，一切优异的成绩、高薪的工作，甚至卓越的艺术才能全是虚空。智慧能在孩子所做的一切事上，带给他真正的成功。

> 智慧必使你行善人的道，守义人的路。
>
> 正直人必在世上居住，完全人必在地上存留。
>
> （箴2：20-21）

教育之福

学习关心上帝的国

教育的目的是什么？《诗篇》第8篇回答了这个问题。人类被神赋予了管理万物的责任。

> 你叫他比天使微小一点，并赐他荣耀尊贵为冠冕。你派他管理你手所造的，使万物，就是一切的牛羊、田野的兽、空中的鸟、海里的鱼，凡经行海道的，都服在他的脚下。（诗8：5-8）

教育的存在，不只是为了训练工作，更是装备人获得治理能力。我们从事的任何工作，都是服侍上帝的特权。我们

怀着工作有永恒意义的信念而劳作。为着我们的君王耶稣，我们治理上帝托付我们的一切。

增长知识来荣耀我们的造物主与救主

所有人类知识学科的存在，都是透过耶稣将荣耀带给上帝。我们学习、研究、整理想法、确切表达思想，都是为着上帝的荣耀，执行治理权。我们培养艺术感知，是为了欣赏与促进美，建造优美的大众空间与可爱的住宅，聆听美妙的音乐，活出人的尊严并造福他人。我们学习数学去度量宇宙万物、预测趋势、追踪卫星，用上帝赋予人的技术服务人群。我们培养体能，以使行动优雅、有力、灵活、坚韧，可以治理上帝创造的世界。

智慧，可以救赎并重振教育。

与孩子谈智慧与愚昧

假设你的小孩受朋友影响，和他们一起破坏公物，或对人粗暴无礼，你可以这样与他沟通。

"你知道你的行为是错的，对吗？"

"嗯，我猜是吧。"

"我们等一下会谈你犯的错误，以及如何补偿。不过首先我希望你想想，我们曾说过世上有两种人，你还记得吗？"（这正是评估陶塑子女心灵的成果的机会。）

"聪明人和傻瓜。"

"对了，我知道你能答出来。好，那为什么聪明人可以如此聪明呢？"

"敬畏上帝？"

"你又对了，是敬畏上帝。那傻瓜为什么这么愚蠢呢？"

"因为他在心里说，没有上帝。"

"那你觉得，今天你作的选择是属于哪一种人呢？为什么错误的选择，显出你把上帝'忘'了呢？"

我希望孩子能把这些关键点连起来，把他的言行与《圣经》里的警戒联系在一起。又比方说，你发现孩子在看的电视节目里，人物淫秽、粗鄙、猥亵，你就可以引用《以弗所书》5章来帮助孩子区分愚昧人与智慧人，智慧人不与行暗昧无益事的人同行，倒要责备行这事的人。

我们已对照了智慧与愚昧。要趁着孩子年幼，一遍又一遍地将这个对比教授给孩子。在孩子需要纠正与惩戒时，这智慧人与愚昧人的对比，就能引发孩子心中的共鸣与认同，因为你已经给出了智慧的教导。

第十章　在基督里完全

　　当孩子面对犯罪的试探、困境或被他人恶待时，我们希望能让孩子体会到，在基督里安息的美好——在他里面得以完全。我们如何将这概念传递给8岁、10岁或更大的孩子呢？让我用一个十分图像化的方法，把《歌罗西书》2章9-10节宝贵的真理带给孩子，这些属灵观点对我们的人际关系和周遭环境，具有真实而明确的意义。下面我们将对比，在基督里有上帝看护的生命与远离上帝的生命有何不同。

　　《歌罗西书》2章9-10节讲述了上帝所作的奇妙工作："因为上帝本性一切的丰盛，都有形有体地居住在基督里面，你们在他里面也得了丰盛。"在基督里，我们一无所缺。无论是罪的试探挣扎、生活环境的艰难，或他人对我们的罪恶攻击，只要有基督，我们就一无所惧，这就是"在基督里完全"的意义。

　　以下所用的图像，需要一步一步地向孩子呈现，让他们有充足的时间"消化"每个元素。这可以作为一周或更长时间家庭敬拜的内容、也可作为和孩子一对一学习《圣经》的材料，特别是对年纪较大的孩子。我们欢迎孩子自由提问，这可以帮助我们改进自己的教导。

让我们来一步步地解说。

关系从何而来？来源于创造吗？不是，在创造以先，关系已经存在。圣父、圣子、圣灵，有着永恒相爱、相交与意旨的关系。这些关系的元素，清晰显明在经文中，也是三位一体工作的基础。

《约翰福音》14到16章是耶稣对门徒说的话，在耶稣结束对门徒的教导后，17章是耶稣的祷告。他为自己、为门徒、为所有信徒祷告。基督在向天父的祷告中，充满了对话交流、同工合作、计划与彼此相爱。

《以弗所书》第1章，也同样反映出这三位一体的特质；圣父拣选、圣子救赎、圣灵印证。

我们是照着上帝的形象造的，三位一体的关系对我们影响深刻。我们与上帝的关系，也反映出这些特质——相爱、相交与意旨（参见创1：26, 27）。

　　亚当是为了与天父相爱、相交、意旨的关系而造的，同样他与夏娃及其后代也延续着这种关系。人需要关系，因为他是照着上帝的形象造的。在堕落以前，关系带给人满足，而不是令人痛苦，上帝那时说亚当需要一位配偶，"那人独居不好"。让我们来看看上帝创世时勾勒的关系。

　　《创世记》1章27节至2章25节，上帝赐给亚当有意义的工作，要生养众多，遍满地面，治理这地。这条指示表明亚当倚靠上帝，他并非自主自治，他需要上帝描述如何正确使用伊甸园，并以它为住所。在上帝的吩咐与照管下，他对上帝负责。亚当没有任何生活经验，他一出生就是个成年人！想想看——我虽然有时也会迷茫，但至少我还有一些经验，可以帮助我诠释日常生活。

　　上帝把人单独安置在一处，《创世记》2章说道："耶和华上帝用地上的尘土造人，将生气吹在他鼻孔里，他就成了有灵的活人，名叫亚当。耶和华上帝在东方的伊甸立了一个园子，把所造的人安置在那里……耶和华上帝将那人安置在伊甸园，使他修理看守。"（创2：7-8，15）

　　上帝造人，并且立刻与人说话，早前的受造物没有受到如此对待，因为唯独人的受造，是为了与上帝建立关系——

并拥有一颗敬拜的灵。唯有人受造，得着上帝的启示。这关系是有目的的——上帝指派亚当工作。这关系也是亲密的——上帝将生气吹入亚当，他就成了有灵的活人。上帝为亚当立了一个园子作为家园，园里供应丰富，神的爱就在此显明了。上帝与亚当建立了相爱、相交、意旨的关系。

上帝又为亚当预备了夏娃作为他的配偶，充分表达了上帝对亚当的爱与呵护。上帝从亚当身上取下肋骨造了夏娃，如此亲密的创造过程，流露出上帝对团契、交通、做伴、指导、教诲的心意。上帝是他们彼此相爱的权威。亚当、夏娃与上帝有着经常的沟通与交流，他们毫无惧怕，亲密相交。多美的图画！多美的天堂！这是我们在堕落前继承的产业。

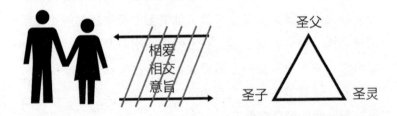

到底是哪儿出错了呢？《创世记》3章1-24节总结了堕落的原委，蛇对女人说："你们便如上帝……"蛇所建议的果子是可喜爱的，夏娃吃了又给亚当，亚当也吃了。他们的眼睛就明亮，内心却充满羞愧，此时人就与上帝相似，能知道善恶。他们开始惧怕上帝，不再在上帝的看护下感到安全。

上帝呼唤亚当、夏娃，但交流的管道已经破裂。亚当、夏娃因赤身露体而羞愧，因悖逆上帝而自觉有罪，他们互相指控，掩饰罪行，但大错铸成，与上帝的远离取代了原本相爱、相交、意旨的关系。

亚当与夏娃之间的关系有改变吗？亚当指责夏娃，他们同为一体的关系已受损，欺骗怀疑取代了诚实信任。亚当把责任推卸给夏娃，还指控上帝："你所赐给我、与我同居的女人，她把那树上的果子给我，我就吃了。"亚当与夏娃彼此疏远，就像他们与上帝疏远一样。堕落之前所有完美关系的特质都丧失了。

终身劳苦工作（参见创3：16–19），仅得糊口，取代了天堂。不得不在这布满肉体、情感、关系和属灵荆棘蒺藜世界上工作的必须性，深刻影响着夫妻间的关系。原是乐园管理与看守者的亚当，成为了普通的劳工，工作不再愉悦，而是艰辛疲惫的劳苦。

完美的健康才智，被衰萎、退化、智障、堕落、腐朽、死亡取代；从土而出的世人，仍要归于尘土。

夏娃要备受怀胎生产的苦楚。上帝在此处的宣告，显出他早前对生育的旨意并非如此。试想新生命来到世界的喜悦，本来无须忍受十月怀胎之苦与生产之痛。

亚当、夏娃被赶出伊甸园，这一切似已结束。但赞美上帝！人与神的关系并未被全然摧毁，在完全远离公义上帝的同时，还有希望，上帝应许，撒旦终将被彻底打败。

上帝顾念亚当、夏娃，给他们衣服穿——为他们遮蔽羞辱，这也预表着基督的工作，为我们流血遮盖罪恶。

上帝订立盟约，他使亚当、夏娃得以存活并预备救赎。

　　"你必终身劳苦，才能从地里得吃的。"即使在上帝的诅咒中，依然有神的供应。这是上帝第一次的普遍恩典。救赎："现在恐怕他伸手又摘生命树的果子吃，就永远活着。"因为不能吃到生命树的果子，亚当、夏娃才不致将他们的堕落带入永恒，这"救赎"是上帝的恩典。

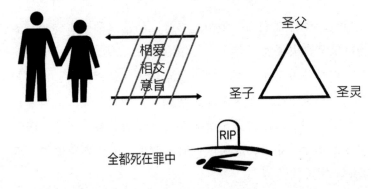

全都死在罪中

　　堕落深刻影响着我们每一个人。罪从亚当入了世界，全人类就都犯了罪（参见罗5：12–19）。亚当是我们的代表，我们是他的后代。一人犯罪，众人都被定罪。我们生来是上帝的仇敌，我们无法做任何事改变自己的光景。《罗马书》3章23节说道："因为世人都犯了罪，亏缺了上帝的荣耀。"

　　所有的人从受孕起就是罪人。没有一人心里良善。因着亚当的罪，众人都成了上帝的仇敌。（《约翰一书》1章10节："我们若说自己没有犯过罪，便是以上帝为说谎的。"另参见王上8：46；诗51：5；罗7：14–24）

　　我们都有罪性。《罗马书》7章5节说，恶欲从开始就在我们肢体中发动，控制着我们。18节说："我也知道在我里头，就是我肉体之中，没有良善。因为立志为善由得我，只是行出来由不得我。"25节说："我以内心顺服上帝的律，我肉体却顺服罪的律了。"

人的问题就在于他的自以为是。《路加福音》6章43–45节说："因为，没有好树结坏果子，也没有坏树结好果子。凡树木看果子，就可以认出它来。人不是从荆棘上摘无花果，也不是从蒺藜里摘葡萄。善人从他心里所存的善，就发出善来；恶人从他心里所存的恶，就发出恶来。因为心里所充满的，口里就说出来。"

这指向上帝对人类景况的宣告——全都死在过犯罪恶之中，而死人无法自救，唯一的拯救在于主耶稣基督，他已战胜罪和它的破坏力。

魔鬼对亚当、夏娃所使的诡计是——你无须依靠上帝分别善恶——你可以自己分辨！同样的试探也存在于今天。

"上帝任凭他们放纵可羞耻的情欲。"（罗1：26）"他们将上帝的真实变为虚谎，去敬拜侍奉受造之物，不敬奉那造物的主。"（罗1：25）

记住人类的历史，上帝创造了关系，人类的被造是为了与上帝建立关系。上帝与照他形象所造的亚当、夏娃间，有相爱、相交、意旨的关系。在神与人最初的关系中，上帝供应亚当一切所需，人被设计成需要上帝，按照神的供应与指示生活，敬拜倚靠上帝，使自身的一切需要得着满足。堕落前，人需要上帝的启示。当天起了凉风，上帝呼唤亚当、夏娃。他提供指示与团契，与造物主相连。罪不会带来对启示的需要，唯有创造主才能。

亚当犯罪，导致关系破裂；人都"死在罪中"，贫乏、绝望。

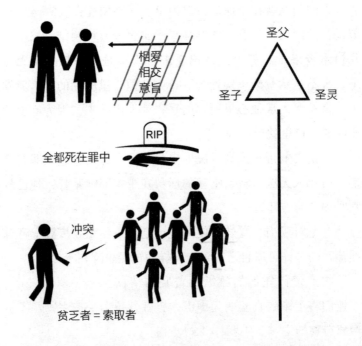

人类起初对相爱、相交、意旨的需求，如今依然存在，却得不着满足，这些从"上帝形象"而来的特质，对人类的存在至关重要。人既远离上帝，只能紧握拳头向他人索求，以满足自己的需要。他们期望身边的人，为他们做只有上帝才能做的事，这当然是妄求！人们互相抗拒、敌对、冲突，因为远离基督的人有着同一个目标——满足我的需要。这是堕落后人们彼此相待的情形。生命没有基督的人，也可能友好和善，甚至成为慈善家，但这也只是为了满足他们个人的某些需求。

《罗马书》1章28-31节，描述人的光景："他们既然故意不认识上帝，上帝就任凭他们存邪僻的心，行那些不合理的事；装满了各样不义、邪恶、贪婪、恶毒，满心是嫉妒、凶杀、争竞、诡诈、毒恨，又是谗毁的、背后说人的、怨恨上帝的、侮慢人的、狂傲的、自夸的、捏造恶事的、违背父母的、无知的、背约的、无亲情的、不怜悯人的。"

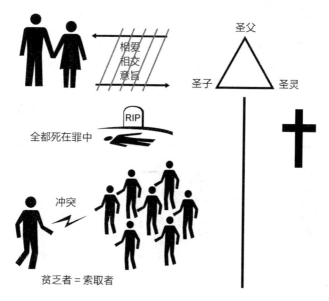

上帝的圣洁公义，会责备罪。上帝的属性也让他无法忽视罪。罪的工价就是死。许多经节都讲到上帝对罪的恨恶、愤怒与惩罚。（参见诗5：4-6；鸿1：2-3；罗1：18,32；2：5-6,8-9；5：9-11；8：1-4）

上帝为我们预备了代赎，耶稣基督，上帝的独生子，代替我们在世过了全然圣洁的生活，为我们的罪付上赎价，以致我们不必受永恒的刑罚。上帝赦罪的恩典，显明在《哥林多后书》5章21节："上帝使那无罪的，替我们成为罪，好叫我们在他里面成为上帝的义。"（另参见赛53；罗3：10-31；来2：14-18；4：15；彼前2：21-24；约壹1：7；太1：21；林前15：3, 55-57）

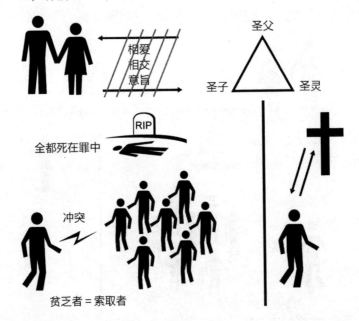

相爱
相交
意旨

圣父

圣子　圣灵

RIP

全都死在罪中

冲突

贫乏者＝索取者

我们得救是因着相信基督为我们献上的赎罪祭，我们一无所夸，这是天父白白的恩典，赐给凡相信主耶稣基督的人。

因着耶稣基督，我们与上帝和好，当初亚当犯罪与上帝中断的相爱、相交、意旨的关系，因着基督的工作得以恢复。（参见彼前1：3-9；林后5：17-19；罗6；罗8：1-11，28-39；约壹4：7-16；弗4：17-32；弗5：1-33；弗6：1-24；西3：12-17；加5：22-26）

注意这个对比。我们曾经死在罪中；而如今，在基督里活过来。我们在基督里，得以完全。

> 愿颂赞归于我们主耶稣基督的父上帝，他曾照自己的大怜悯，藉耶稣基督从死里复活，重生了我们，叫我们有活泼的盼望，可以得着不能朽坏、不能玷污、不能衰残、为你们存留在天上的基业。你们这因信蒙上帝能力保守的人，必能得着所预备、到末世要显现的救恩。因此，你们是大有喜乐。但如今在百般的试炼中暂时忧愁，叫你们的信心既被试验，就比那被火试验仍然能坏的金子更显宝贵，可以在耶稣基督显现的时候，得着称赞、荣耀、尊贵。你们虽然没有见过他，却是爱他。如今虽不得看见，却因信他就有说不出来、满有荣光的大喜乐，并且得着你们信心的果效，就是灵魂的救恩。
>
> （彼前1：3-9）

颂赞归于上帝，圣殿的幔子已经裂为两半，中间隔断的墙已被拆毁！因着基督，我们与上帝重归于好，这也是重获真诚的人际关系的唯一基础，因为我们一切的需要，都在基督里得以满足。

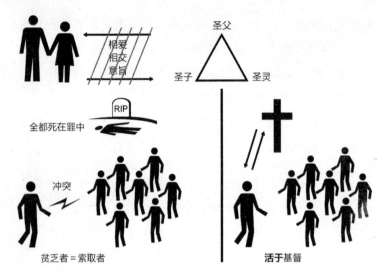

现在，我们可以张开双臂、敞开心胸与人接触，无论得到的回应是好或坏。自身需要的满足，不再建立在他人的代价之上，我们无需努力讨好、不用担心别人如何相待、也不必计较他人对我们的看法。

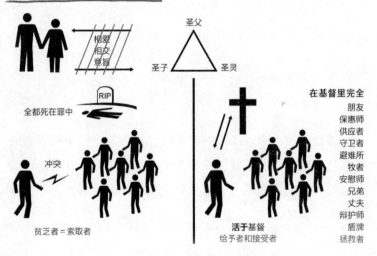

　　我们不必再像远离上帝的罪人一样，在绝望中生活，我们可以奉基督的名来到上帝面前。上帝赐下他的独生子，成全我们对相爱、相交与意旨的一切所需。我们不再只是索取者——我们是给予者和接受者！人际关系的好坏，也许会影响我们的情绪（感觉快乐或哀伤），但这些关系无法左右我们是谁、我们如何反应，以及我们对自己与他人的评价。

　　当我们忘记上帝在基督里的供应时，神不会忽略我们，我们只是暂时忘却属于我们自己的产业。我们的举止好像索取者或属灵的乞丐，却不像耶稣的弟兄姊妹——有尊贵的皇族血统。我有时会这样想，上帝欢迎他以基督作赎价所赎回来的孩子，让他们住进他的宫殿，拥有他国度里一切属灵的特权与财富，但有时我们却忘了自己的身份，径自在殿外搭了个小屋，偶尔还巴望着宫内令人渴慕的财富，竟浑然不知那原本全是属于我们的。

　　（注：我广泛应用图像来描述，因我深知，我们自己必须先对真理了然于心，才能对真理进行消化和简化，随后根据适合孩子年龄的方式进行教导。

　　所有的属灵概念，都需要我们好好琢磨如何传讲才能让孩子清楚明白。无论采取何种方式或进度，总比让孩子迷惑不解的好。只要我们忠心且有创意地去教导，孩子会逐渐了解并认识这些宝贵的真理。）

第十一章　教会的重要性

"嘿，起床啰！都九点了，我们必须在半小时内赶到教会，今天早上我要看管幼儿，你是招待同工的负责人。"

"也许今天就不要去主日崇拜了吧，反正我们十一点半就得离开，去参加孩子的比赛，每次提早走都好尴尬啊。"

"如果我今晚不去小组祷告会，你觉得会有人注意到吗？今晚，我必须得一个人放松一下了。"

"爸爸，我们今天一定要去教会吗？姐姐婚礼结束后，我们全家族的人都还在这儿，如果等到下午才去海边的话，精彩好玩的节目就全都错过了。"

"每次没去教会心里都觉得很内疚，尤其讨厌有人打电话来问我是不是病了。"

"我会是全校唯一没去看决赛的人啦，就因为我还得去教会！真是，喔，真是，妈妈！一年就一次，你就饶了我吧。"

听来很耳熟吧？你是怎么看"教会"的呢？问问孩子：

"教会是什么？教会对你有什么影响吗？"孩子通常会以教会那栋建筑物，以及教会里每星期的活动来定义教会，同时，把参与教会各项活动，作为我们与教会之间的关系。当然，教会的建筑与活动的确是"教会"一部分意义的具体表现，但这却与上帝赋予教会的远大异象和使命相距甚远。孩子需要看见这幅大图画，才能在他们的生活中，激发对教会这一恩典途径的忠心。教会生活，是你家庭正确和属灵的文化模式，那么，我们该如何有效地让孩子知道，这一切至关重要呢？

上帝每一样的创造，都宣扬着他的作为。教会充满着教导我们上帝是谁、他的作为，以及人类角色的画面。我们对子女心灵的陶塑，将极大影响孩子对教会的认识。

让接下来描绘的图画，唤醒你和孩子对主日的敬拜之心，甚或是在周六就为主日预备自己的心。用属灵的真理与洞见，回答孩子对你们所在教会的问题，让教会成为家庭与个人生活的重要组成部分。

教会是上帝之家

上帝将人设计为要在群体中生活——肉体与心灵都是如此。我们出生在家庭中，家庭对每个成员的成长与塑造都极其重要。上帝设置的这种家庭模式，可以促进我们对教会的了解。上帝用有形的家庭经验，向我们启迪教会的本质——上帝的家。我们的家是上帝之家珍贵的代表，有敬拜、造就、领导、顺服、角色、时间安排、规矩、责任、谦卑、合一、多样性、共同目标、爱、感恩、赞美、培育、保护、避难所、医治、见证、款待、同情、管理、体贴、饶恕、服侍、分担重担、接纳、鼓励、相交、做伴、劝告、训斥、重建、悔改、和好、祷告与团契等，不胜枚举。幸福家庭少不了这些特质，同样，这也使教会成为我们和孩子不可或缺的社群。我们属灵的健康与丰盛，在于上帝提供的属灵社群，正如孩子的福祉，在于家庭提供的环境。上帝将孩子赐予家庭，是上帝将他重生的孩子带到他属灵之家教会的缩影。那些从有记忆起，就经历这美好家庭比喻的孩子，能坐在最好的前排座位上，观赏神在教会中上演的救赎盛会。

我们的家庭生活为神的家带来名声。孩子在自己家庭中的体验，是他们经历教会生活的预备。这也是为什么，上帝用我们熟悉的字眼，称呼自己是天父、基督是独生子、我们是他的儿女、基督是我们的兄长、教会是基督的新娘、基督徒彼此是弟兄姊妹。我们在家庭关系中的感性体验，使这些属灵关系有意义，因此我们务必要让孩子明白，教会就是他们属灵的家。

教会，不是你非去不可的地方，而是你欣然乐于前往的地方，就像乐于和家人团聚一样。我们的属灵责任，不是出于勉强，而是甘心乐意，就好像我们对家庭的爱与承诺。《诗篇》122篇第1节，就是我们预备去参加主日的诗歌："我们往耶和华的殿去，我就欢喜。"

要用所有家庭生活的动力来描绘这幅图画。用亲切的口吻讲说教会中的"弟兄姊妹"，说出你对他们服侍的真心感谢，大声赞扬你所体验到的一切家庭般的美好。古谚说得对："经历真理，胜过被人教导真理。"

"莎丽打电话来安慰我，还在电话上为我祷告，她多会安慰鼓励人啊。"

"我们的车进修理厂了，约翰把车借给我们，他真是把上帝要我们在基督里'彼此担当重担'的教导活出来了，我们真是感恩。"

"亲爱的，我知道你因为辛蒂在主日学后直言的批评而受到伤害，保罗在《歌罗西书》3章12-13节里，提醒我们基督徒说：'所以你们既是上帝的选民，圣洁蒙爱的人，就要存怜悯、恩慈、谦虚、温柔、忍耐的心。倘若这人与那人有嫌隙，总要彼此包容，彼此饶恕；主怎样饶恕了你们，你们也要怎样饶恕人。'在这一切之外，要存着爱心，爱心就是联络全德的。"

孩子本身，就是一幅上帝儿女的图画。倚靠与信任父母，是亲子关系的标志。父母终日含辛茹苦，提供安全、保障、抚育、理解、住处、爱、保护、指引、教导、管教、惩戒、重建、物质舒适、健康、病中看护——一切都是为了儿女的福祉，上帝对他的儿女也是一样。即使堕落世界里的父亲并不完美，我们依然能感受到天父对我们的爱，因他已拣选我们作他的儿女。甚至有从小受父亲虐待的人在信主后说："在认识神的爱和看顾以前，我从来也不明白，上帝是我们的天父意味着什么。"多美的看见，在这弯曲的世代，

上帝的爱归正人心。如果我们的人生经历无法让我们看见
上帝的可畏，那么只要轻轻看上帝一眼，就能重写我们的
人生。

收养孩子，是上帝使我们成为他家庭成员的另一幅画
面。上帝甚至用破碎世界里孤儿流离失所的痛苦，来描绘他
在基督里供应他儿女的荣耀画面。孤单、迷失、空虚、被遗
忘的孩子，却被充满爱且有能力的父母拣选出来，一起住进
美丽的家园——彼此做伴、相属、享受有意义的关系。对孤
儿来说，被拣选就意味着一切。这并不是幸运抽奖，而是这
些父母找寻孤儿，触动他们的心——这心渴望着爱的丰盛、
保守、抚育、指引与供应。

> 就如上帝从创立世界以前，在基督里拣选了我
> 们，使我们在他面前成为圣洁，无有瑕疵。又因爱
> 我们，就按着自己意旨所喜悦的，预定我们藉着耶
> 稣基督得儿子的名分。（弗1：4-5）
>
> 那本来不是我子民的，我要称为我的子民；本
> 来不是蒙爱的，我要称为蒙爱的。（罗9：25）

教会是家庭的延伸

在上帝的计划里，我们可以逐渐扩大孩子生活的领域，
从家庭到一个安全又有正确世界观的社群，就是教会。家庭
与教会生活，对孩子的成长发展有相辅相成的作用。孩子将

乐于从家庭的圈子，延伸到教会，亲身经历与天父上帝、兄长耶稣、主内的弟兄姊妹的个人关系。

我们可以将前面列举的家庭生活特质，应用于教会生活。在今天这个对上帝与教会的一切充满怀疑的世代，我们应当明白和活出合乎《圣经》的教会生活，为我们的生命带来意义、目标、尊严和圣洁的使命。上帝的心意是，让教会成为所有家庭事工的延伸，造就孩子和我们。我们必须把这些观点告诉孩子。在我们提供给孩子的文化中，教会是其中基要的元素。

教会支持我们的基督教世界观

基督徒父母在今天的文化中面临严峻挑战。唯有在基督的教会里，我们的标准被认定并加以应用。教会支持我们的基督教世界观，教导与我们家庭信仰一致的价值观。

用感恩、祷告、唱诗、读经、赞美来尊崇上帝的家庭敬拜，延伸至共同敬拜。这给你每天的敬拜带来深刻意义。这不是你小小一家人例行敬拜——还有许许多多其他的男女老少，和你一样也在敬拜上帝。

家庭敬拜，是共同敬拜的每日演练。如果我们每天欢欢喜喜，向神献上感恩并唱诗赞美，那么主日的敬拜就不会成为重担。如果平日缺乏心灵和嘴唇的训练，敬拜也就变得生硬或艰涩。全家大小一起参与的家庭敬拜，可以帮助每个成员预备自己的心与唇，在共同敬拜时献上祷告与见证。

操练的定义，是通过重复相同的动作，获得能力。一切在家的训练、孩子为达到我们或自己设立的标准而付出的努力，都是为了这个目标。教会的主日学老师、青年事工领袖、敬拜领袖与讲道者，也都有着这相同属灵目标的呼召。

祷告，正是操练的过程。在我们家，无论遇到欢喜或试炼，祷告总是我们的第一反应。我们感谢上帝的供应，无论是上帝藉着我们的工作所赐予的，还是直接来自上帝无可测度的奇妙（我们曾在购买一辆急需的汽车上，获得财务帮助，但当时没有任何人知道我们的需要）。我们明白自己在面对试炼时十分有限，但我们可以把一切难题交托给那无限的上帝，因此，在着手解决问题前，我们总是先寻求上帝。显然，这不是世界的方式，更可惜的是，许多教会也没好到哪儿去。究竟有多少基督徒会说："好，我们唯一能做的，就是祷告！"

属世的人总爱自夸，认为一切生活所需，全是自己努力挣来的，如果遇到什么好事，还要洋洋得意吹嘘自己有多么幸运。如果麻烦来了，就绞尽脑汁、动用钱财或人脉，尽可能减少自己的损失。

在我们家里，对"凡事带到主面前祷告"的操练，是我们确信上帝回应祷告（参见可11：24）的彰显。他充充足足成就一切，超过我们的所求所想（参见弗3：20）、他使爱上帝的人得益处（参见罗8：28）、只要我们一无挂虑，凡事交托，我们就有平安（参见腓4：6）。教会因着这些原因乐于祷告，它促进并延伸我们在祷告上的操练。

上帝的话语，是我们信心与行为遵从的唯一律法。教会在针对各个年龄层的讲道与教导上，都强调此项信念。

在这违法乱纪、目空一切的二十一世纪，《圣经》的律法与标准听上去仿佛充满压迫与限制。但《诗篇》作者却吟诵赞美上帝的律法，是甘甜的、宝贵的、带来生命的、智慧的、纯正的、给人亮光的、自由的与良善的。我们家遵从《圣经》的绝对标准与原则，并把《圣经》应用在家庭生活中大大小小的事上。教会支持我们对上帝律法的喜爱，因为这是造就丰盛生命所必需的。

家庭中爱的权威，不但在教会得到支持，也被延展到教会的权威结构中。层次结构是上帝设立的，《圣经》对此也有教导，要把它应用在生活的每个层面。父母之职，无论是在家庭或教会，都是首要角色，身为父母，要带领家人、爱家人和养育家人；孩子则要在父母爱的管教下成长，敬畏上帝，遵从神的警戒。

教会教导权威结构，对上帝尽忠，并对上帝在家庭、教会、政府所设置的权威负责。在个人主义横行的今天，尽忠早已是个失落的概念，人不为己，天诛地灭！但基督徒家庭绝非如此！教会应是个人人乐于忠心尽责的地方，向权威尽忠，是尊贵有益的。尽忠，也是我们躲避心中诡诈与愚昧的藏身处。教会中建立彼此信靠的关系，这可以保守我们，远离自己的罪性与愚顽。

顺服，是个美丽的品德，为紧紧跟随上帝次序的人，结出属灵的果子，使人得福、受保守、满足、得丰富与平安。

属世的文化将顺服曲解为奴役、卑劣、愚蠢、不敬、低贱，然而教会要在上帝设立的一切机构与体制中，实践出顺服的尊贵与美好。

《圣经》是全备的，它均衡教导了在生活方方面面顺服的真理，以及如何用正确安全的方法诉诸权威，也描绘出顺服地上不配的权威，是对至高神的顺服。

角色，决定了家中顺服的次序。世界普遍认为，服从是平等的天敌，其实不然。《加拉太书》3章28节教导我们，所有人在基督里已成为一。我们并不是因为低人一等，所以才顺服权威，也不是因为高人一筹，所以才治理他人。上帝在他所爱的、有着他形象的人中间，设立与权柄层次对应的角色。作为基督身体的教会，遵从上帝对角色的命定，并在教会体制与教会生活中定义权威和顺服，支持弟兄姊妹为了教会整体的益处，在爱中彼此顺服。

在教会，我们的孩子有机会和爱他们、关心他们、并与我们有相同价值观的成年人建立关系。这些成年人可以为我们的孩子树立属神的男性和女性的榜样，而如今的文化早已模糊了性别的概念。

信仰社群中，彼此关爱的关系是信徒的一种生活方式。我们竭力在家庭中操练待人有恩，热情好客。我们怜悯遭遇各样患难的人、关心身负重担的人。我们奉献时间、精力、资源与能力，服侍他人。我们也要培养孩子，具备仆人侍奉的心态。

在我们生活和工作的地方，我们努力用智慧公义维护

家庭和社区的合一。我们用爱与饶恕回应错待和拒绝我们的人。我们不离群索居只顾自己，却乐于同目标一致的同伴携手共进。我们乐于接受各种不同的个性、能力与角色，因为这全是来自上帝完美的创造。敬畏上帝、谦卑待人，是我们的座右铭。

　　教会是个真实操练多元化社会的安全平台，可以让孩子在其中学习生活技能，让孩子在进入人生的汪洋远航之前，先练习如何在颠簸中平稳行走。当世界频频向孩子招手之际，孩子不致拒绝或抛弃这爱与接纳他们的整个教会。但如果孩子不幸拒绝了，也不要轻易归罪于教会，孩子心中也许有着他自己的理由，以致远离神。

　　唯有上帝的话语能判断对或错、传统或自由、真理或谎言。我们的孩子在面对被世俗文化错误自由观玷污的同辈之前，应该在教会中享受和庆祝未受个人主义污染的基督徒真自由。以上这些家庭之外的活动，是我们操练"作光作盐"的机会。

教会教导并协助家庭的活动

　　教育，一直是基督徒家庭关注的。《圣经》中显明上帝的意旨，不论是选择在家、在基督教学校或是公立学校接受教育，父母都是儿女生活中最主要的导师。

　　然而这不是世界的观点。世俗的人文主义与父母角力，试图掌控对孩子的训练与培育，而父母变得更加关注自己——他们追求工作、娱乐、财富，或为生存打拼。

教会支持把家庭、教会和基督教学校作为向孩子教导基督教伦理、道德与世界观的基本途径。同时，教会认为父母是上帝设立的抚育、指导、激发与管教孩子的首要人选。

时间安排、休闲活动、消遣与自由活动时间的优先次序确实值得讨论。你的家庭生活，通常是由一系列你认为能帮助建立物质、情感、精神健康等家庭目标的活动所构成的。请注意，疏于在时间、精力与财务上进行管理，将无法实现上帝对天路客应许的属灵祝福。

除了敬拜之外，教会还有一个主要呼召，就是藉着基督的恩典与圣灵的工作，在身、心、灵上预备，迎接成为基督毫无瑕疵新妇的那日子。

我们的基本信念塑造着我们的个人关系。故此，信徒与非信徒人际关系的质量相差悬殊。基督徒家庭，会尽力做到体贴、原谅、接纳、鼓励、相交、做伴、牺牲的爱、警戒、督责、重建、悔改、和好、团契、抚育、忠诚、庇护、医治、忠实。对属世的社群而言，这些特质或十分陌生，或有别样的意义。

爱，就是最好的例子。对基督徒而言，爱的方程式是"人为朋友舍命，人的爱心没有比这个大的。"而一般世俗的想法则是，人要尽自己的本分，才配得到爱，所以，"如果你愿意付出百分之五十，我也才会愿意付出另外一半；如果你做不到，我也会转身走人！"

饶恕，也是一样。"如果你要求被原谅，就先得承认你对我的所作所为，直到我满意为止，我才会考虑接受你的道歉，但我依然保留随时收回友谊的权利，直到我认为你付出了足够的代价为止。"

教会是我们属灵的藏身处

家庭生活最美妙的地方，就是在如今这样一个堕落邪恶的世界里，为我们提供庇护避难的藏身之所。当世界无法了解、也毫不在乎我们的挣扎与失落时，家人却能彼此相爱与扶持，在这儿有接纳与宽容。在身心遭遇危险之时，有家人给予的谦恭警告和爱心劝诫。家庭中，随时都有丰富的美食与生活供应，永远有着丰富的爱、无限的仁慈与足够的忍耐，还赋予我们重新回到世界这浮华市集的勇气与决心。上帝设立作为避难所与藏身处的家庭，同样也促进了我们对教会的了解与认识。

上帝为他神国的家人，也提供了相似的避难所——教会。即使是失去家庭的人，仍能在这儿寻回天父的关爱——身与心同受照管。旧约中，上帝显明他对孤儿寡母实质上的看顾："上帝在他的圣所作孤儿的父，作寡妇的申冤者。上帝叫孤独的有家……"（诗68：5-6）上帝与他的百姓立约："我要作你们的父，你们要作我的儿女。"（林后6：18）

如同那些使家庭强健的素质一样，我们也以团契、相交、鼓励、劝勉与款宴，来服侍基督的身体，让我引用艾伦·崔普（*Aaron Tripp*）先生《荣耀之战》（*Glorious War*）中一段有关教会安息日是我们避难所的章节。

就像我们每晚都得停下户外工作一样，虽然不是我们有意如此，而是被黑暗催逼，不得已进了屋内，安息日也是这样。既然上帝也在第七日，从他的创造之工停下来休息，我们也一样停工休歇。在那天，战争仿佛已经结束。我们从与仇敌无止境的争战中稍作歇息。快快乐乐过一天，好像已经得胜。如同从战场凯旋的勇士，被簇拥欢呼进入王的殿，享用王为我们预备的筵席，期待着战争全然得胜、仇敌倒下、王的旨意行在全地、永夜的黑暗远去、惊恐灾难彻底消灭。在那日，掌管世界的仇敌，倾倒崩溃永不再起来。

如同得胜者一样，我们一起参加筵席，与王欢乐庆贺，并得以安歇。在这会儿，我们不再被仇敌包围，世界不再与我们敌对争战，不再伺机摧毁我们的决心。四周环绕我们的是我们的同伴、并肩的兄弟、战场的英雄。我们因与这些勇士同列而欢欣鼓舞，我们知道他们面对的仇敌有多可怕、经历的迫害有多严酷；知道他们如何持守信念、奋勇战斗；也知道他们如何在黑暗中坚信王的权能、如何英勇胜敌，为王的荣耀争战，改变这个世界，使之成为荣耀神的样式。

这些同伴们也照样知道，在争战中，我们何

等恐惧惊慌，何等哀伤软弱。但他们与我们并肩作战。当我们心里颓废沮丧，他们帮助我们定睛仰望救主。因此我们手牵手、肩并肩，不为作战，而是相交鼓励，同得荣耀。

每周的第一天，当我们重回战场，已是焕然一新，装备齐全更胜往昔。我们原本因久经争战而疲惫不堪的心，如今却越发坚强，伤口也早已缠裹痊愈。为着王的荣耀，我们奔赴战场，不疲乏、不丧胆、不给仇敌留破口，我们前行，期待着下个安息日的到来，渴望着那永远的安息。

教会为信徒诠释何谓生命的试炼

《以弗所书》5章22-33节，保罗用婚姻的比喻，说明教会是基督的新妇。25-27节，提到基督洁净他的新妇，预备她永远与新郎在一起，她将毫无玷污、皱纹，乃是圣洁没有瑕疵的。

你、我和我们的孩子都一样不配成为这样的新妇。但赞美上帝，基督圣洁的生命和十字架上的死，成就了教会的婚约，让所有悔改并相信的人，都得以称义。《以弗所书》第5章，指出成圣的过程。基督对试炼的旨意，是要使我们毫无玷污，就像炼金人的火（玛3：2-4），我们就像金银，身上沾满了挖掘时的泥土，工匠用灼热的火与极端的冷，淬炼我们成为美好。今生的挣扎与试炼，都为使我们在永生美丽无瑕。温杰林的诗《泥、火、水、气》（ *"Earth, Fire, Water, Air" by Walter Wangerin, Jr.* ），对试炼有段出神入化的描述：

> 任火烧透我身
> 让每丝血脉承受洁净中严苛的熬炼

教会汇聚了各时各方被基督救赎的人，从创世的伊甸园，直到基督伟大荣耀再来的日子。而我们的社区教会，是全人类教会的个体表现。如果孩子抱怨，基督徒的生活与自由自在的世界相比更困难，我们可以提醒孩子，那荣耀的日子将要来到，届时这个仿佛自由的世界，不认识上帝的人孤单地跌落永世的黑暗、永无得赎的盼望。所有可口诱人的快活，将被揭下伪装。那些经过试炼之火得洁净的人，会穿上义袍，预备成为救主新郎所爱的新妇。我们渴望成为那美丽新妇——教会中的一员。

教会对家庭的意义

教会应占据信徒家庭的优先次序，这是美好且合宜的。但父母决定着孩子对教会生活的看法。所以要尽量让孩子看到教会生活的美好，这是基督教文化的重要元素。如果相较于其他更具吸引力的娱乐活动，参加教会活动成为沉重的负担，孩子将会在他有选择机会时，立刻离开教会。所以一切有选择性的活动，如技巧学习、运动、工作、娱乐、甚至上课，都应该根据教会的时间表来安排，不然，教会生活对孩子而言，将只是众多生活选择当中的一个——而不是决定生活优先次序的关键因素。

如果教会只不过是个社交团体，孩子将会根据他个人的兴趣，与教会社团的吸引力，作出参加与否的选择，看看青少年团契的组长有多"酷"，或是教会里的孩子有多"时髦"。如果你对教会里其他家庭胡乱批评与论断，你的孩子也会，他们甚至会走得更远，选择离开教会。

如果对上帝的敬拜与赞美令你感到温暖，与基督徒的交往令你感到满足而快乐，你也乐意付上精力、时间、资源与创意，去服侍基督的身体——那你的孩子，也会从仰慕与感恩的角度，来看待上帝的大家庭。我们无法凭借自己基督徒的身份，让孩子也自然成为教会的一员，但我们有智慧的"招募"工作，将成为圣灵在孩子心中做工的主要着力点。

第三篇 | 陶塑子女心灵的应用

陶塑子女心
Instructing a Child's Heart

第十二章　行为到内心的转变

在第五章，我们看到所有行为都源自内心。还记得那两个孩子，为抢夺同一个玩具而争吵的故事吗？如果父母问"是谁先拿到的"，这无法指向孩子内心的问题。回想耶稣在《马可福音》第7章21-23节里说道："因为从里面，就是从人心里发出恶念、苟合、偷盗、凶杀、奸淫、贪婪、邪恶、诡诈、淫荡、嫉妒、谤讟、骄傲、狂妄。这一切的恶都是从里面出来，且能污秽人。"

忽略孩子心灵的危险

我们在纠正与管教孩子时，可能会忽略心的问题。我们常倾向于关注孩子有问题的行为，而忽略了心才是问题行为的根源。如果焦点只局限在改变行为，我们管教的方式可能会变成这样：

"要分享玩具。"

"别惹你的妹妹。"

"马上给我停止吵闹。"

我们甚至可能会陷入操纵孩子行为的试探："看到有这么多玩具的小孩，还吵成这样，真是太糟糕了！你们两个都该觉得惭愧，我真替你们觉得害臊。"

"如果你们非吵不可，那就各自回房不准再玩了。"

有些父母还想方设法，费尽心思操控孩子。有位父亲告诉我，他曾尝试在家里使用"住嘴"瓶。

"什么是'住嘴'瓶呢？"

"哦，因为我已经受够了，孩子动不动就说'住嘴'，所以我规定无论谁，只要说一次，就得罚一块钱放进瓶子里。"

"结果呢？"

"两个星期，我们就赚了一百块！"

"一百块，那可是很多钱啊。"

"对啊，我知道，因为我和我太太也有份。"

"那后来呢？"

"几个星期后，就再也没人说'住嘴'了。我想我们已经学到教训了，周末就带全家去吃比萨、看电影、吃冰淇淋。一百块钱几乎全都花光了。"

"然后呢？"

"你不会相信，两天之内，大家就又开始说'住嘴'了。"

> 对孩子值得夸奖的地方，真诚地赞美，是很美好的。孩子出色地完成了任务，奖励他也是种鼓舞。然而我所质疑的，是不应把赞美与奖赏，当成操控孩子行为的工具。

请与我一起想一想这段情境，孩子们怎么了？他们经历了内心的改变吗？没有，孩子改变的只是行为。一旦外在制约因素消失（说一次"住嘴"罚一元），他们的行为立刻恢复原状，回到内心最自然的表达方式。这位父亲也许能短暂控制孩子的行为，但孩子的内心，却丝毫没能往爱上帝与爱人的方向靠近。

我们可用千百种不同的方法，来操控孩子的行为，贿赂、威胁、羞辱、制造内疚感、承诺好处、协商、夸赞、奖赏，所有这些都是为了获得我们想要的行为。有些时候，人们还辩解说，用正面的激励比负面的苛责好，其实无论是"胡萝卜"，还是"大棒"，依然都是行为主义。

行为主义的评估

许多父母对我说："我只用一点点的行为主义，请不要批评我，真的很管用。"那么，行为主义到底有什么错呢？

行为主义无法契合孩子真实的需要

我们来看看耶稣怎么说，"心里所充满的，口里就说出来。"（路6：45）只针对行为，而没有顾及内心，会忽略

内心真实的需要。这就好像用割草机来解决杂草问题，你能割掉一时的杂草，但它很快又长了起来。

行为主义提供给孩子错误的道德观

行为主义道德抉择的基础在于实用主义。父母要求孩子特定的行为表现，子女则根据奖励或惩戒，决定自己的行为表现。上帝也重视我们的行为，但他更关注我们的心思意念。

从《圣经》的角度，道德抉择的基础是上帝的存在、他的属性、他的荣耀，合乎《圣经》的道德逻辑是"有一位创造万物和我的神，他为我的好处，也为他自己的荣耀，告诉我什么是对的。"当我们处置孩子的外在行为时，要教导他们根据比奖惩意义更深远的价值观做决定。因为，高天之上向人启示自己旨意的天父，是我们一切抉择的基础。

行为主义将心带离正道

心与行为之间，有着极其紧密的联结，以至于所有对行为的制约，也成为对孩子心灵的训练。如果用羞辱操控孩子，孩子就会学习如何回应羞辱。如果被内疚所驱动，孩子长大就会成为充满内疚感的人。如果骄傲是行为的动力，孩子长大就会惧怕人，或是竭力渴望获得认可，而常常动用愤怒迫使家人顺服的家庭，造就出来的，也是愤恨易怒的成人。

行为主义模糊了福音的信息

行为受到操控的时候，福音永远无法成为管教、纠正和激励的中心。诉诸羞辱、内疚、威胁、贿赂等手段的父母，没有把福音作为孩子改变的盼望。

行为主义折射出父母的偶像

父母喜欢用行为主义来控制子女的理由有很多。或许是出于骄傲，孩子最终成为了我们的名片。或许只是因为怕麻烦。更糟糕的可能是，我们有时想要操控别人。还有可能是我们惧怕他人，在孩子不配合我们的时候，我们担心别人如何看待自己。

许多内心的偶像会污染我们纠正孩子的动机。这些偶像，不会让我们真心为孩子的福祉着想，却只考虑自己的名声。于是我们的纠正和管教，不是为了孩子的好处，而是只为让我们自己好受些。我们的内心驱动着我们管教孩子时的行为，而这一切并不是出于对孩子属灵福分的关切。

> 幼儿的母亲们常会问："我如何能让两岁大的小孩明白心的问题呢？"我的回答是："你不能。"
>
> 两岁的孩子，还不能明白自己的心思意念，没有足够的成熟度去自省反思，也没有足够的见识和词汇来表达动机。所以，必须先等孩子具备理解力与词汇能力，再去思考有关心的细微表达。
>
> 学龄前儿童的父母可以逐步谈论心的态度，比方说自私、生气、爱、恨等等，当我们使用这类词汇时，孩子会慢慢建立对这些含义的认识。
>
> 学龄前，父母通过正确的介入，来教导上帝

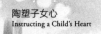

的律法。比方说，孩子随意拿走别人的玩具，我们可以温和地纠正说："亲爱的，你必须把它还给弟弟，他还正在玩呢，你这样随便拿走别人的东西是不对的，这也不是爱弟弟的表现。"

联结心态与行为

想想有时我们在孩子身上看到的不敬虔的心态，比方说报复的欲望。我家的孩子，常用"那小孩先打我的"来为自己辩护。当他这么说时，驱动行为的心态就是——报复的欲望。

我们必须教导孩子，把自己交托给上帝。这就是耶稣所做的，他被骂不还口，受害不说威吓的话，只将自己交托那按公义审判人的主（彼前2：23）。他没有反击逼迫他的人，却把自己完全交托给天父上帝。

孩子常会因害怕人的看法而随波逐流。青少年常常为了要在同学面前显酷，而故意无视自己年幼的弟妹。他们宁愿讨人的欢喜，而不在意是否荣耀上帝。这种心态，甚至会让孩子对朋友比对自己的兄弟姐妹和父母更忠诚。

我们很容易会被孩子的冷漠激怒，而想去责备甚至威胁，然而我们必须知道，责骂并不能改变孩子的心。

在我们关注心的问题胜于行为时，并不意味着行为的纠正都是错的。在许多情况下，我们必须纠正孩子的行为。假设你的儿子正在残酷地嘲弄他妹

妹，你就不能坐等内心的转变，然而即使他停止了嘲
弄，我们的任务也尚未结束，你要帮助孩子认识到，
他的话语反映出：他的心已经偏离了上帝的道。

骄傲常是造成家中孩子冲突的主因。你的儿子输掉了一场
"大富翁"，心情沮丧，他也知道这不过是场游戏，"林荫大
道"或"公园地产"也没有任何实际价值，但他的自尊心受
到了伤害（尤其当获胜者比他小，或是个女孩的时候）。

我们可以帮助孩子了解，骄傲如何影响着他的心思
意念，这也正是和孩子谈论谦卑的机会。尊荣以前，必
有谦卑。

孩子只爱自己的表现常常十分明显。人与生俱来都爱自
己，但也要教导孩子懂得爱他人。基督是爱人最好的榜样，
而且他能赐予我们爱人的能力。

每一对基督徒父母，都盼望子女被上帝惊叹，注目神的
荣美，对神充满敬畏。敬畏上帝，将是孩子这一切反应的推
动力。

在第五章中，我们曾列举出敬虔与不敬虔的各种心态，
若能与孩子们探讨这些，将带来很大的益处，因为动机决定
着孩子的言行。

动机

对孩子的纠正，是在陶塑子女的心灵的基础上建造
的机会，要让孩子认识到，错误的行为是由不正确的心
态引发的。

父母假冒伪善的危险

对行为的操控，至终会导致虚伪，造成我们与孩子的心疏远。我会发现自己说出这样的话：（"我不能相信你竟然这么自私。你的小弟弟再过几分钟就要去睡觉了，让他玩五分钟你的小卡车，会死吗？"

我必须承认，这是我对孩子的虚伪。还有谁比我更了解自私自利在人心中的工作呢？如果公开一切真相，我可以写本有关自私的书了。

你看到我所做的吗？我仿佛伪君子，把自己与孩子疏离开来，我为了自己同样极端自私的理由羞辱他。我只想纠正孩子的行为，却不顾他的内心。当我如此虚伪时，我的纠正中没有福音、没有盼望、没有恩典。

直指行为背后的动机

提出好的问题，能帮助孩子认清他们内心的光景。

举例而言，一位年轻人，在他朋友面前让自己的弟弟出丑，我们做父母的，当然需要纠正他这种伤害人的粗鲁行为。但聪明的父母也同时会帮助孩子，看到自己内心的光景。我们可以这样和孩子交谈：

"你这样和弟弟说话，是不是很让弟弟难堪？"

"我猜是吧。"

"你想为什么他会觉得很受伤呢？"

"我猜，他想是我在故意取笑他吧。"

"我想你说对了，他确实这么想。这会是个比较困难的问题，但请你想一想，在你取笑弟弟的时候，你自己心里是怎么想的？我知道你爱弟弟，但为什么要让他这么难过呢？"

"我也不知道。"

"我可以接受你不知道，因为我也不知道，但我愿意帮你一起来想明白，你乐意和我一起做吗？"

"也许可以吧。"

"这似乎有几种可能，也许是你的骄傲，也许是因为你只顾着自己，也许是你害怕别人的看法（觉得弟弟让你难堪），也许你太希望获得朋友的认可，所以想在他们面前表现得很酷，你觉得呢？"

让我来为这段对话作些批注。注一，我并没有作出指责，只是想帮助儿子分析这次事件。注二，我并没有作出评价，也没有论断他的动机，我无法知道他内心如何，尽管我可能有我自己的猜测，但我也无法宣告他的动机。注三，我在此时想要完成的，是鼓励孩子进行自我评估，我的角色是促进这段对话，以我对心灵问题的深度了解，帮助孩子更好地认识促成他行为的背后动机。

对我而言，这段对话不是非要取得某种效果不可。如果孩子开始变得暴躁，或我觉得沮丧，对话可以随时中止。我会说："你知道吗？我只想让你反思一下自己行为的动机，相信我，我知道这很困难，让我们一起祷告，下次有机会再谈。我爱你。"

> 我并不是建议，每次当孩子需要被纠正时，你都要带他经历这一过程，那会耗尽你和孩子的精力。有些时候，你可以只去纠正孩子的行为，并暂且停在那儿，你要观察孩子的一些典型反应，并寻找合适的机会，和孩子深谈有关心态的问题。

始终以福音为中心

我曾在前面提到用羞辱孩子来伪装自己的虚假。当然，一旦我企图操控孩子，结局几乎都是如此。但如果我从心入手，就不会再因虚假而与孩子疏远，我与孩子并肩作战，对抗自私自利。我可以揽着他的肩说："我了解你的挣扎，我也能了解自私，因为你爸爸也和你一样在与自私争战。"

我并非因为自己也自私，就为自私寻找借口，只是感同身受这与罪的挣扎。我不但了解，更知道要去哪儿寻求抵御自私的帮助。我必须把自己的挣扎带到耶稣基督面前，他是我随时的帮助，是我寻到饶恕与恩典的唯一途径。

耶稣基督，也曾凡事受过试探，与我们一样（参见来4：14-16），只是他没有犯罪，而我却常常犯错，所以必须常常来到他面前，寻求恩典与力量，他可以赦免、洗净我的罪（参见约壹1：9），他充满怜悯与恩典，体恤我们过去、现在与未来的一切软弱。

　　在我辅导孩子有关自私的问题时，我就像战地经验丰富的退伍军人，因久经沙场，比较懂得如何应付这场属灵的战争。我们年轻的孩子，才刚踏入这与罪的争战，我可以与他一起跳入战壕，指点他哪儿有出路、哪里有力量，一起来打赢这场战争。

从心入手

第十三章　管教——运用《圣经》种与收的原则

让我们作个简短的回顾。请记住，我们管教时必须要诉诸陶塑心灵的教育，帮助孩子从上帝所启示的《圣经》观点，来明白生命的所有问题。种与收，是意义深刻的生命课题，教导孩子思考自己的言行会造成的结果与意义。

《加拉太书》第6章7-8节里，种与收有正面与负面的两种结果："不要自欺，上帝是轻慢不得的。人种的是什么，收的也是什么。顺着情欲撒种的，必从情欲收败坏；顺着圣灵撒种的，必从圣灵收永生。"

鼓励"顺着圣灵撒种"与警惕"顺着情欲撒种"一样重要。我们的陶塑教育，应充满上帝在人类堕落前的美好旨意；和他在人类堕落后，经由耶稣基督为人类提供的丰富供应。上帝审判、愤怒、恨恶罪的事实，将促使人回应神的奇妙恩典，来到基督十架的跟前。

在教导孩子时，要时刻警惕，不能用《圣经》威胁孩子。这是对上帝形象的扭曲，会使孩子在上帝的律法前遁逃。一个强而有力却毫无怜悯的法官，会让法律变得苛刻严厉，而无法带来保护和救续。

管教

管教时我们要诉诸陶塑心灵的教育，来帮助孩子了解生命的问题——罪如何影响了全人类，以及当人类处在绝望之中时，上帝如何提供救赎与盼望的伟大旨意。管教 是《圣经》种与收原则的实际运用。

管教是项营救任务，引导偏离正道或不信上帝的孩子，重新回到孝敬并听从父母的祝福之圈中（参见弗6：1-2），这也包括，要听从父母所指定的权威。

这是一幅美丽的图画。父母并非凌驾在孩子之上，挥舞着律法书，而是以同为受造物的伙伴关系，陪伴在孩子身边，他们已经尝过活水江河的滋味，知道这是赐生命的泉源（参见诗篇34篇）。基督为我们亲身示范了这关系，他凡事与他弟兄相同，为要成为上帝慈悲忠信的大祭司（参见来2：17-18）。《腓立比书》2章1-11节说，耶稣反倒虚己，成为人的样式，使我们可与上帝和好。《希伯来书》4章14-16节说道，耶稣体恤我们的软弱，为我们胜过罪，他陪伴呵护带领我们来到上帝面前。这就是上帝对管教的美好旨意。他并非想逮到我们、揭发我们，或让我们偿还。他的旨意是让我们更像基督。管教，应反映出这个上帝对我们的圣洁目标，要像基督示范的那样，谦卑、忍耐、不轻易发怒、充满盼望。

父母们常抱怨，怎么可能实践这所有的建议呢？让我说个令人鼓舞的信息，只要注意陶塑子女心灵就能，因为所有日常生活里，正式或非正式的《圣经》教导，都在为管教铺路，孩子会明白你的纠正和管教，因为他们已经学习了陶塑心灵的教育。

收割的过程

如果我们决定依据《圣经》，而不是行为主义，来教导"种什么，收什么"的话，有几个重要的步骤是不容忽视的。这些步骤应用合乎《圣经》的后果来对心说话。让我举个例子，假设你的儿子比利正在抱怨，他不喜欢你准备的早餐，更糟的是——你没有洗他那件最喜欢的衬衫，他想今天穿着它去上学。他还在对妹妹发脾气，因为妹妹碰了他的东西，所以比利把妹妹的小包翻出来，倒在地板上，打破了妹妹的镜子。比利已经跨出了《以弗所书》6章1-3节所说的祝福之圈。

让我们带着比利，一起走过这个收割的过程。我们该如何应用合乎《圣经》的纠正与重建模式，指正比利的行为呢？后果在哪儿呢？

（注：撰写与比利对话的脚本，冒着一些风险，我只是在这作些建议，因为可以有各种不同的方式进行对话，而且，基于比利年龄、个性、或信仰光景等情况的不同，对话的进程会大不一样。比利

自身对这件事的反应，也有可能是在心里刚硬到忧伤痛悔之间的任一程度。对话中的某个部分，也可能决定其他部分的进程。对话的先后次序并不是那么重要，重要的是，始终把握你的属灵目标，把福音带给孩子。请不要让任何难题阻碍了对话真正的方向与目标。）

问些能让孩子客观回答的问题。我们可先确认状况："你到底怎么了？"

"比利，让我们看看到底是怎么回事？我很担心你，我们已经注意到，你最近总在抱怨和生气，你明白我说的意思吗？"

回答可能是"是"或"不是"。如果是，就继续。如果不是，就举例说明。要获得孩子的确认，即使他只是点了点头，始终都要采用对话的形式——而不是只顾着自己说。询问孩子，是什么想法或感觉，导致了他的行为。内心有什么害怕、欲望、愿望、贪婪吗？当然，孩子的年龄会影响这些问题的性质。

如果他说"我不知道"，就给他几个选项让他选择。如果他不承认自己行为有错，也不必指责，因为他即使是"当场被逮"，指责也只是徒具破坏性。如果他已觉内疚，就在他身边，温和却肯定地告诉他"到此为止"——你明白他的自责。接着鼓励他"重得洁净"。如果你的态度温和慈祥，而不是指责专横，孩子会更容易认罪。如果在某个特定的错误上，他始终坚持自己无辜，则无须僵持在这点上，可以继续下去，但你可以告诉孩子，你关心他的挣扎，不仅是对特定的罪的挣扎，还包括拒绝承认错误的挣扎。孩子不愿说出实情的原因可能有几种——害怕被管教、害怕被否定，或叛逆等。说谎本身也不容忽视，应该与导致说谎的行为同时对付。

如果你怀疑但不确定孩子是否犯了错，最好还是接受孩子所说的，因为如果确实是孩子犯错了，你会遇上他再犯，但要抓住这些机会让孩子明白你为什么担忧，提醒孩子《圣经》种与收的原则。为孩子祷告，无论在孩子面前或私下，都要继续为孩子祷告，上帝将会用真理柔化孩子的心，引导他走在正道中。

用陶塑教育来提醒孩子："你内心是怎么想的？这想法如何影响了你的行为呢？"

"比利，你还记得天父上帝如何看待抱怨与怒气吗？"

回应："抱怨和怒气是从心里出来的。你对早餐和衬衫的抱怨，其实暴露了你内心的问题，不是吗？"

回应："抱怨的灵，显出你对上帝和身边的人，既没有感谢又忘恩负义，《提摩太后书》3章2-4节，列举了忘恩负义与不敬虔的罪。而你生妹妹的气，并以恶报恶，也显示出你的内心有爱别人还是爱自己的矛盾与冲突，是吗？"

回应："我了解这种挣扎的感受，比利，我自己也有类似的挣扎。但我们要记得，上帝提醒我们罪很危险，上帝也应许，为我们的挣扎提供帮助与解决办法。记住这些，对我们是有好处的。"

总要回到《圣经》，指出上帝对某些特定罪的看法。

请记住，孩子在日常生活中经常挣扎的罪，可以成为家庭每日灵修的固定内容——不是为了要揭孩子的短，而是作为父母与孩子的提醒。陶塑子女心灵赋予我们机会，来认识罪和它的迷惑性，以及上帝得胜的应许。所以在你必须进行管教的时候，你已经占领这片领土，并解除了抵抗。陶塑子女心灵，奠定了管教的基础。

在陶塑子女心灵时，孩子会承认上帝的真理，尤其是当我们陪伴在他身边，而不是高高在上。你可以满有恩典地诉诸孩子在早前管教中承认的真理。"还记得我们曾谈过……我们同意……"

提醒孩子，"顺着情欲撒种的，必收败坏。你与罪挣扎的时候，上帝在哪儿呢？"

我们犯罪的时候要思考后果。记住我们曾经讨论过的罪的深层影响：我们收割与上帝的关系、生活习惯、名声、人际关系、在基督国度和永恒中的长期可用度。和孩子谈论，选择上帝道路所带来的属灵的、今生的、永恒的好处，以及在试探中跌倒所带来的属灵的、暂时的、永远的后果。

"比利，今早上帝在哪儿呢？"

回应："当你在抱怨和生气时，你想过他的警告与应许吗？"

回应："你想他能了解你心里是怎么想的吗——你心里的挣扎？"

回应："记得《希伯来书》4章12-13节说：'上帝的道是活泼的，是有功效的，比一切两刃的剑更快，甚至魂与灵、骨节与骨髓，都能刺入、剖开，连心中的思念和主意都能辨明。并且被造的没有一样在他面前不显然的。原来万物在那与我们有关系的主眼前，都是赤露敞开的。'"

"记住，比利，罪的后果是使你的心对上帝变得越来越硬。"

"我们曾经特别为这类与罪的挣扎祷告过，是吗，比利？"

回应："你会在别人碰你的东西时，特别不满与生气，这对你来说是个特别困难的挣扎，对吗？"

回应："你看，我们挣扎的某种罪，会变成习惯。这类习惯不会因为到了某个年纪，就奇迹般地消失。他们会一直跟着我们。这也是我们现在谈话的原因。我们希望你能在上帝的帮助下，战胜这些习惯，不致让这些罪跟着你一辈子，那会对你很不好，你说是吗？"

回应："带着邪恶的习惯过一辈子，会导致可怕的结局。比利，《箴言》20章11节提醒我们，'孩童的动作，是清洁、是正直，都显明他的本性。'抱怨与怒气会带给你坏名声，并破坏你和我们大家的关系。当你抱怨时，我们就失去了家庭原本的喜乐和亲密，而且，向母亲发怨言是不敬的，不是吗？"

回应："这破坏了我们和你正常的关系，你现在能感觉到这种关系的破裂，是吗？"

回应："你妹妹常常觉得有必要保护自己避开你的怒气，你想你现在的名声是什么呢？"

回应："在你妹妹那儿，你有个易怒、无法控制自己的

坏名声，比利，你看，你正在收割坏名声，以及家庭关系中的不好后果。"

"比利，你常常祷告并渴望成为基督的见证，让我建议你想一想，你今早在家里作的见证怎么样？让我们祈求上帝帮助你，让你在日常生活中，也能展现为神所作的见证，求他给你合宜的话语，预备你、塑造你，能在基督的国度里，恒久为上帝所用。"

如何帮助孩子

帮助孩子不顺着情欲撒种

陪伴在孩子身边，因我们知道自己堕落的罪性，与受到试探时的软弱。指引孩子来到救主面前最有力的方法，莫过于与孩子分享基督如何在你受试探的时候帮助你。我不是说，要与孩子分享错误，博取同情；而是说，要承认自己时刻需要倚靠基督。

"比利，我们爱你，也很想帮你，爸爸妈妈知道事情不顺心时，想要抱怨与生气的感觉，但上帝希望我们凭着信心，把自己交托给他，他赐给我们耶稣基督，作我们随时的帮助与安慰，我们很愿意帮助你，一起来克服抱怨和生气的难题。"

"上帝在《哥林多前书》10章13节应许我们：'你们所遇见的试探，无非是人所能受的。上帝是信实的，必不叫你们受试探过于所能受的。在受试探的时候，总要给你们开一条出路，叫你们能忍受得住。'比利，你想这段经文的意思是什么呢？"

回应："上帝在《希伯来书》4章14–16节，已经告诉了我们一个解决办法：'我们既然有一位已经升入高天尊荣的大祭司，就是上帝的儿子耶稣，便当持定所承认的道。因我们的大祭司并非不能体恤我们的软弱，他也曾凡事受过试探，与我们一样，只是他没有犯罪。所以我们只管坦然无惧地来到施恩的宝座前，为要得怜恤，蒙恩惠，作随时的帮助。'比利，用祷告来到施恩的宝座前，你想这是什么意思呢？"

回应："比利，我们会和你一起祷告，也会为你祷告。但除此以外，还有什么办法可以帮助你吗？或许我们可以开始一次《圣经》人物的学习，研读那些也与同样的罪挣扎的人物。在你想要不满和生气时，这会提醒你，你不是孤单一人，也能提醒你，感恩和与人和平所带来的祝福。你还能想到些其他可以帮助你的办法吗？"

回应：找寻方法让孩子明白，我们了解他与罪挣扎的实质，并随时准备与他一同跳进战壕。可以设计一些特别的方法，对付那些特定的罪，比如：互相督促、备忘录、标准、清单、背诵经句和《圣经》学习，而祷告，总是不可或缺的。鼓励孩子在遇见试探时，到你这儿来一起祷告，比方妹妹又来碰他的东西时。这不是在说妹妹的闲话，而是提醒他，和妹妹的关系比"东西"更重要。盛怒之下对关系造成

的破坏和疏远，很难得到修复。当然，你也应该去和妹妹谈，处理一下她越界触碰他人物品的问题。

基督亲自来帮助我们，而不是老远站在天堂喊着说："嘿！你，在下面的，给我规矩点！"他道成肉身，来和我们一同经历堕落世界的所有痛苦。为什么呢？《希伯来书》2章，尤其是14-18节说：

> 儿女既同有血肉之体，他也照样亲自成了血肉之体，特要藉着死，败坏那掌死权的，就是魔鬼，并要释放那些一生因怕死而为奴仆的人。他并不救拔天使，乃是救拔亚伯拉罕的后裔。所以，他凡事该与他的弟兄相同，为要在上帝的事上成为慈悲忠信的大祭司，为百姓的罪献上挽回祭。他自己既然被试探而受苦，就能搭救被试探的人。

基督以他的生、死、复活，一路"陪伴"我们，成为我们最好的榜样，向我们亲身示范如何为人舍命。他对我们的感同身受，令人无法抗拒。父母教导孩子时，是被基督的能力所打动，基督体恤我们的软弱，并给予我们实质的帮助。

帮助孩子了解顺着圣灵撒种的意义

当比利找不到那天"一定"要穿的衬衫时，他该怎么做呢？当比利看到早餐竟是可怕的碎麦片时，他该怎么说呢？当比利发现妹妹乱翻他东西的证据时，他又该如何反应呢？做什么可以反映出基督的美好，而不是自私的心呢？当你查考下列经文时，尽可能带领比利进入对话，依据他的年龄与注意力持久度，调整你的谈话进度。

"比利，你记得上帝对我们最大的诫命是什么吗？"

回应："对！要尽心、尽性、尽意、尽力爱主你的上帝，又要爱邻舍如同自己。比利，这是什么意思呢？"

回应："对，比利，让我来解释一下。爱上帝表现在凡事谢恩、为神国服侍。爱邻舍就是感恩，并与人和睦相处。"

"比利，在今天你与罪的挣扎中，有个积极的种与收的原则可作参考，它来自《腓立比书》第2章。"

"1-3节说到我们与神的合一、安慰与团契，因为我们都是上帝的孩子。"

回应："在1-14节里，有许多撒种的例子。请仔细听，第1节说到慈悲与怜悯；第2节提醒我们，要有如同基督一样的爱心与意念；第3节呼召我们，要顺着谦卑与舍己撒种；第4节说'不要单顾自己的事，也要顾别人的事。'（当我们列举这些属灵品格时，让比利说说他的看法。）第5-11节提醒我们，基督在这一切事上的榜样，以及上帝在他儿子身上得荣耀；第12-13节提醒我们，我们的顺服不是律法的功效，而是恩典的大能在我们身上，这也是让耶稣从死里复活的大能！（与比利谈上帝的应许，他应许会加添我们的力量来对付罪，可以参考《以弗所书》第6章或其他经文。）第14节正好聚焦在你今天撒种的情形上，'凡所行的，都不要发怨言、起争论。'"

"好，比利，谈了这么多的撒种！也来看看收割吧，
在第15-16节，'使你们无可指摘，诚实无伪，在这弯曲悖
谬的世代作上帝无瑕疵的儿女。你们显在这世代中，好像明
光照耀，将生命的道表明出来。'这正是我们期望于你的，
比利，我们希望你好像明光照耀，这也是你所希望的，不是
吗？"

回应："你不能继续这样行动、说话与反应。"

"比利，我们设立的标准，是依据上帝话语的原则与绝
对性，无可妥协。你知道我们家的标准、价值观与规则，是
吗？"

回应："你知道我们对你的期待，是吗？"

回应："我们希望你的行为举止，会与我们所期待的一
致。我们也乐于在各个方面尽力来帮助你（就像前面谈过的
一样）。"

孩子需要一个让他们遵守的标准，这标准必须坚定稳
固，同时有恩典的弹性。上帝的律法就是标准。上帝希望所
有人，不只是信徒，在他的国度里，依照他的律法生活，他
会对所有违例者作出审判，但他也将恩典赐给那些凭着信心
来到他面前的人。

我们矫情的文化一厢情愿地认为，只有降低标准才能实
现爱和怜悯，这极大破坏了上帝救赎人类的方法。上帝的律
法与我们的受造吻合，也与我们受造的目的相符。当我们为
孩子降低律法的标准，使其"可行"的同时，也摒弃了福音

的必要性，也贬低了上帝诫命的尊贵旨意，"尽心、尽性、尽意、尽力爱主你的上帝，又要爱邻舍如同自己。"

想想上帝对我们堕落人类的丰富供应。他创造大地，生物与人类，期冀万物与他完美和谐同居，彼此和乐而美好。但人类的堕落，给完美荣耀的生活带来致命的结局，然而上帝依然供应——并非改变宇宙运行的规则与律法，来配合人类的堕落——而是牺牲他的儿子，救赎被败坏的一切。如果我们改变标准，上帝的供应就失去了意义，就好像在说："好吧，这么做行不通，对你来说太难了……所以，你只要做到这样就行，这你总能做到了吧。"这么做，只会让孩子愈加远离上帝，而不是引领他们来到十字架前。记住，"律法是我们训蒙的师傅，引我们到基督那里。"（加3：24）

"顺着＿＿撒种的，必从情欲收＿＿。"

"比利，根据你作的选择，这是你要承担的后果，而这些后果只是为了提醒你，我们之前所提到的严重的属灵后果。"

这是父母在管教过程中让孩子看到后果的时刻，无论选择何种后果或是自然结果，如您所见，后果绝不是管教的主要部分。我们所描述的后果，只是为了强调上帝不可被轻慢的事实——我们的选择有好有坏，不是造成我们的属灵成长，就是造成属灵亏损。我们不能依靠后果来矫正行为，我们希望训练孩子的心。在行为纠正中，后果是操控行为的工具，但在合乎《圣经》的管教中，后果只是一种说明方式，通过感知来加深对属灵后果重要性的认识，因为属灵后果影响着我们与上帝、与他人、与自己的关系。

我们必须清楚明白这些差异，并将其重要性教导给孩子，我们希望孩子能明白管教的目的，更重要的是，让他们认识到上帝掌管万有，他们的生活是为着荣耀上帝，以及让自己得益处。

"比利，你得用自己的钱去买面新镜子，作为摔坏妹妹镜子的赔偿，你明白吗？"

回应：你也可以考虑让比利自己洗衣服，再帮着做一段时间的早餐，借此让他明白，别人每天为他所作的服务与牺牲。这些举措不是为了惩罚他的错误——而是让他看到，生活中的一切供应，不是理所当然的——要常存感恩的心，而不只是抱怨挑剔。

让孩子有机会回应

"比利，你明白我们这所有的谈话内容吗？"

回应："你还有什么想谈的吗？我们有什么地方误会你了吗？"

回应："我们爱你，我们很乐意你能告诉我们，你遇到的困难、恐惧、疑惑、快乐的事——任何事都行！"

回应：不敬虔的管教最具破坏力的地方，就是缺乏属灵的对话。上帝提供给我们许多有意义的沟通方式，然而父母在许多塑造孩子生命的机会中，只做单向的沟通。一个人的"独角戏"并不是属灵的沟通。父母长篇大论的辩驳、威胁、警告、预言，都无法改变孩子的心，只会让心更刚硬。所有的亲子交谈，都应给孩子回应的机会——不是像与同辈

间的回应，而是像孩子，来接受父母的指引与教导。我们应
该鼓励孩子有礼貌地回应，帮助我们去理解，他们对于我们
的教导与要求，有什么感觉、看法、思考、认识与回应。对话
需要常常得到确认，才不会产生误会。我们也要十分留意，自
己的观察评估是否公平正确。这些都可以在尊重父母权威的方
式下进行。我的孩子敞开自己内心了吗？我是否充分了解了全
部状况？因为，如果孩子一旦觉得被误解和错待，就很难再开
启沟通的管道。化解愤恨和伤害，可以卸下孩子的叛逆。一定
要给孩子回应的机会，特别是在管教的时候。

祷告

　　祷告，是管教中必不可少的部分。它可以安排在管教过
程中的另一个地方——比如在"如何帮助你的孩子？"这部
分之后，或是管教过程中的其他几个地方。请记住，在孩
子面前，我们是上帝的有形代表。而祷告，就像你帮孩子复习
完功课后说："好，现在我们可以打个电话给老师，确认一
下我们做对了没？"

　　祷告，是个信号。它可以让孩子知道这是为了他们的益
处，而不是为父母的益处。祷告，可以让我们用正确的角度
来看待每件事情。赞美、承认罪与软弱、凭信心交托上帝等
等，可以将你所有的纠正、管教、教导，都带到上帝面前，
作个集中性的结论。可以在祷告中总结，你所有对孩子的心
愿与关怀。照着《哥林多前书》10章13节和《希伯来书》4
章14-16节的样式，我们可以在祷告中带领孩子来到神"施
恩的宝座"前。

"亲爱的天父，今天我用大卫在《诗篇》139中的祈祷，为比利也为自己祷告。神啊，求你鉴察比利的心，知道他的心思；试炼他，知道他的意念，在别人碰他东西时，看在他里面有什么抱怨、不知感恩的恶行没有，引导他走永生的道路。"

最后的鼓励

我们牧养孩子，不是为了要确保孩子"有出息"，而是要在上帝赋予的使命上忠心。后果不应成为证明父母地位、权力、力量的工具，家长也不应为了自己的方便，利用后果来迫使孩子听话。上帝设计的后果，是为了彰显上帝是人类事务的终裁，当我们悔改归向他，他就赐予我们恩典。

管教，不是向孩子炫耀，看看谁才是老板；也不是用惩戒来改变孩子的行为。即使适当的结果可以强化上帝的真实性与我们的标准，但管教最根本的目的是提醒孩子：他们需要悔改并相信基督，在基督里有上帝的赦免与供应。这样做，我们就是在大声宣告，造物主上帝掌管万有并参与其中，透过基督提供与神和好的机会。我们要让孩子看到，向上帝认罪、彼此认罪的美善，并警戒他们：不信者将面临严厉的审判。

第十四章 沟 通

　　我曾辅导一位父亲和他15岁大的儿子。这个儿子阴沉着脸、态度反叛，父亲则十分恼火、怒气冲冲。我试图帮助这位父亲用敬虔的方式与孩子沟通，也希望帮助孩子能听从父亲的智慧——失落在粗暴言语下的智慧。

　　突然，这位父亲从座位上跳起来，穿过房间，直直地站在儿子面前，他儿子一脸惊恐，随后这位父亲紧贴着儿子的脸大声吼叫："我是你老爸，你就是得听我的！"但那儿子却用一种蓄意的冷漠，回瞪了一眼他的父亲。

　　并非所有沟通的破裂都如此戏剧化，在另一次的辅导中，有位父亲罗杰不是个叫嚣者，但他喋喋不休警告着可怕的情形，让他的女儿筋疲力尽："我只是怕你会变得和你表姐詹妮尔一样，怀孕又染上毒瘾，而你正在步其后尘，这就是我在这4个小时里一直要告诉你的。"

教养观念主导着沟通的模式

我们教养儿女的观念，主导着我们的沟通策略。当管控与限制行为是我们的焦点时，它就支配着我们与儿女的谈话方式。当行为管理成为亲子教育的主要目标时，严厉的字眼、吼叫、斥责，就成为了亲子沟通的一部分。这本书的重点，在于培育教养与门徒训练，而不是行为的管控。

《圣经》在多处谈到沟通，我们将从《圣经》的智慧书中撷取几段。此章我们将列举沟通的三种特质——克制、良言和聪明。

我会尽量与一般所谓的沟通技巧区别开来，而使用世界上最聪明的人——所罗门描述的反映出信心、喜乐、信靠上帝的沟通方式。当我们说所罗门是智慧人时，我们也是在提醒自己，所罗门是敬畏上帝的人，"敬畏耶和华是智慧的开端"（箴9：10）。类似的真理教导也出现在《箴言》15章33节："敬畏耶和华，是智慧的训诲。"

有克制地与孩子对话、说良言美语、乐于了解他们，这些都不是技巧，而是智慧——敬畏耶和华的智慧。这些帮助你用造就孩子的方式与他们对话的特质，是十分属灵的。

克制

在我小时候，良好沟通的尺度就是"有什么就说什么"。人们自豪于无拘无束的言论，甚至今天这个世代的许多父母，都是被持"毫无隐瞒"观念的父母带大的。然而，在鲜明的对比之下，我们知道克制才是智慧言语的特质。造就子女的话语，绝不能是轻率或冲动的。"寡少言语的有知识；性情温良的有聪明。"（箴17：27）懂得克制的聪明人，会三思、容让、控制自己的言语。智慧人的话语，即使诚实、坦白、直率，也是为了使听者受益。

有克制的言语是安静的

《传道书》9章17节提醒我们："宁可在安静之中听智慧人的言语，不听掌管愚昧人的喊声。"安静有咆哮和尖叫所没有的力量。我知道这听上去不符常理，你或许觉得只有说得大声才会被听到，才会更有分量，其实恰恰相反。吼叫让言语变得无关紧要，因为别人只会看到你表面的情绪，反而听不见你话语背后的真正意图。

我有一次被指派辅导一位母亲，她是众所周知的尖叫王，总是涨红着脸，对儿女吼出她的要求与威胁。其实，她越是用喊叫作为她的沟通模式，就越是丧失了她在子女面前说话的分量与权威，有时儿女甚至没注意到，母亲是在和他们说话。这位母亲未能相信并交托自己给上帝，是她尖叫的根本原因（但这并不是所有尖叫者问题的症结）。我们对此进行了辅导，她逐渐开始相信上帝，也放低了音量，慢慢地她的子女不但听话，而且越来越重视母亲话语的分量。

有克制的言语话不多

传道者在《传道书》6章11节警告说："加增虚浮的事

既多，这与人有什么益处呢？"你可以用唠叨把孩子激怒。通常，长篇大论可以被归纳为几句话，因为人们总在重复相同的句子。几句简单扼要的对话，胜过喋喋不休。

我所辅导过用唠叨使孩子厌烦的父母，并非有意伤害自己的子女，他们爱孩子，而且对孩子生命中的问题十分警觉。当孩子还小时，他们用管教来约束，随着孩子长大，父母管教的方法也随之改变，他们开始拽着孩子进行费时费力、无休止的对话。

冗长的对话，会让自己陷入罪的困境，"多言多语难免有过，禁止嘴唇是有智慧。"（箴10：19）不停地唠叨，常会暴露出你和孩子的弱点。当你长篇大论、精疲力竭之际，你会发现自己很容易说出鲁莽伤人的话。事过境迁，当你反思对话时，你会问："事情怎么会变成这样？这不是我谈话的初衷啊。"

有克制的言语先思后言

"义人的心，思量如何回答，恶人的口，吐出恶言。"（箴15：28）聪明人总是仔细掂量自己话语的分量。他思考、思量、不断问自己，这是不是该说的话，这是不是合适的时机，这是不是最妥帖合宜的谈话方式。而恶人却不是这样，他出口突兀、吐出恶言，对他而言，无所谓谨慎的言辞，他肆无忌惮、毫无见地、随心所欲。

"你见言语急躁的人吗？愚昧人比他更有指望。"（箴29：20）这段训诲让人警惕，《箴言》看愚昧人已是无可救药，然而言语急躁的人却犹有过之。你或许和我一样觉得身为父母，我们最大的试探，就是对子女出言急躁、毫无克制。

在《箴言》15章，所罗门鼓励我们，在谨慎言辞的同时，还要懂得观察。"口善应对，自觉喜乐，话合其时，何等美好。"（箴15：23）选择适当的言辞，并在合适的时间与场合表述，是极大的喜乐，带给说者与听者喜乐的祝福。

在沟通中有克制，这自然而然带我们进入下一个主题。

良言美语

诚如前面所强调的，良言美语也不是一种技巧——而是敬畏上帝的反映。"心中有智慧，必称为通达人；嘴中的甜言，加增人的学问。"（箴16：21）心中的智慧，从敬畏上帝而来，良言美语，是心中智慧的反射。

甜美的话语，可以促进教导的果效。良善美好、慈爱亲切的话语，能促进训导。委婉的话语，能带来良好的回应。

严厉、大声、专横、贬低的言辞，不是敬畏上帝、以上帝为乐的信心表现，相反，却暴露出害怕、愤怒、专制的心态，这类话语，很难使孩子接受教导。

话语严苛的管教，会给孩子带来两种难以跨越的障碍。首先，他必须愿意了解你试图传递的真理。其次，他还必须克服，你在传递信息时咄咄逼人的态度。如果不能使用美好的话语来沟通，你就无法在孩子面前，作个聪明智慧、敬畏上帝的好榜样。

假设你想警戒孩子，不要与你所知道的那个叛逆不羁的人做朋友。要让孩子听得进，并同意我们的警告，是个十足的挑战。孩子可能因为不成熟，又缺乏洞察力，难以卸下他所有的防卫来接纳警告，如果我们再采取急躁或严厉的态度，无疑雪上加霜，自筑难以跨越的障碍。

"智慧人的心教训他的口，又使他的嘴增长学问。良言如同蜂房，使心觉甘甜，使骨得医治。"（箴16：23, 24）

每当你读到《箴言》书中的智慧人时，必须思想智慧的具体表现，而不是一般意义上的通达与敏锐。智慧，等同于敬畏上帝，因为这是《箴言》书的定义。所以，每当你读到《箴言》书中的智慧人时，你就要想到属灵的特质——属灵的智慧与聪明，来自敬畏上帝。《诗篇》25篇14节说道："耶和华与敬畏他的人亲密，他必将自己的约指示他们。"所以智慧人，就是敬畏上帝的人，上帝与他们亲密，并将自己的约指示给他们。

这些属灵特质，让人有能力克制自己的口促进教导，并用良言训诲，他的口和他的嘴都被智慧的心所教训。他明白如果想增长学问，就不能随意将情绪发泄在孩子身上。他也知道，如果想带给孩子甘甜与医治，就必须用良言美语——良言如同蜂房，使心觉甘甜，使骨得医治。

在家里也要用甜美的话语。如果父母怒火中烧、脾气失控，无论他们的意愿多么真挚，判断多么正确无误，取得的果效依然是零。他们没有用能够增长学问的方式说话，事实上，在他们满脸通红、高声吼叫时，正是让孩子确信，他们就是孩子心目中的愚昧人。

有些父母对我说："和颜悦色根本不管用，只有指着鼻子大骂，他们才乖乖听话。"很可悲，他们完全曲解了实情。事实上，你的确可以用怒气胁迫孩子屈服，但这并不代表孩子真的听你的。你只是恃强欺弱、威逼孩子屈从罢了。你的话语未能增长学问，却是削弱学问。最终，这样的孩子，将会用同样的愚昧，将父母所有贬低辱骂的话语，反过来回敬他的父母。

如果你以为这是言过其实，看看《箴言》15章2节，"智慧人的舌善发知识；愚昧人的口吐出愚昧。"训斥孩子的父母就是口吐愚昧；相反，智慧人发出智慧的话语，他们所说的良言，令他们的训导甘甜可喜。

没有一个贬低孩子说"别这么没出息——只有没出息的人，才和没出息的人混在一起"的父母，会得到孩子这样的回答："爸妈，你们说得对，谢谢你们这么说。"父母关心孩子结交的朋友，无可厚非，但贬低孩子与他的朋友，就不是善发知识的举措了。

《箴言》书中有许多描绘良言的经节，"义人的口是生命的泉源，强暴蒙蔽恶人的口。"（箴10：11）想象你的话好像泉源，当然希望流出赋予生命的甘甜之水，而不要苦涩尖酸的水。

你的话语也好像孩子品尝的食物，你当然希望端上可口诱人、色香味俱全的菜肴滋养孩子，这就好像《箴言》10章21节所说的："义人的口教养多人，愚昧人因无知而死

亡。"在与孩子谈话的时候要思想，这些话能教养他们吗？
你绝对不会想用狗食去喂养孩子，但有许多父母对孩子说话
的语气，还比不上他们对狗说话的态度。

《箴言》25章11节，用精美的收藏和精致的珠宝来比喻
良言："一句话说得合宜，就如金苹果在银网子里。"合宜
的话，就是说得恰如其分、恰到好处，所罗门认为，谨慎斟
酌的话语，是优雅和美好的。我们也应该小心斟酌，像宝石
匠雕金琢银一样，选用恰当的词汇。精工细作成就佳品，经
过深思熟虑的话语，也将优美而合宜。

"智慧人的口说出恩言。"（传10：12）想一想恩典是
什么，这样我们才能明白"恩言"的意义。恩典是上帝的礼
物，是我们不配得的。上帝将饶恕与永生，赐给原本应该受
刑罚的人。有时父母会为自己毫无恩典的言语辩解说："这
是孩子罪有应得。"相反，智慧的父母不是这样，他们效法
上帝的恩慈，因为他将我们不配得的恩典白白赐给我们。

沟通的目的是了解你的聆听者

我们常认为好的沟通技巧，就是把想法表述为语言的能
力，然而，沟通的最高艺术不在于表述，而在于了解谈话对象。

《箴言》一针见血地指出这个问题，"愚昧人不喜爱明
哲，只喜爱显露心意。"（箴18：2）在多少次交谈中，我
们成了愚昧人呢？又有多少次亲子对话，我们没有把焦点放
在了解和帮助孩子表达他们的想法与意见上呢？如果你和我

一样，某些时候并不在意孩子们的想法，只顾着自己有话要说，而《箴言》18章2节说，那是愚昧人的沟通目的。

有时你害怕或不愿知道孩子的想法，或许是因为你不想面对伴随真相而来的困难。有时你还会害怕，一旦更了解这个孩子，你就不得不调整自己的期望，而你根本不想改变。

有天晚上睡觉前，我作了回沟通的愚昧人。我跑去儿子房间与他谈话，因为有件事如鲠在喉，非说不可。坦白说，我并不想知道孩子在想什么，我只想让孩子听我的，我没说什么刻薄辱骂的话，结束时我告诉儿子，真高兴能有这样的机会彼此交流，于是在为孩子祷告之后，我就回房间去了。

几分钟之后，有人敲我们卧室的房门。

"爸，你们睡了吗？"

"还没，进来吧，有什么事吗？"

"爸，你刚离开我房间的时候说，很高兴我们有机会交谈，我想说明一下，刚才我一句话都没有说。"

"喔，对不起，我以为我说得尽兴，而你听得认真嘛。如果我给你说话的机会，你有什么要说呢？"

"我也不知道，我只是想告诉你，刚才我什么也没说。"其实这里似乎话中有话，仿佛在说："如果你真心想知道我的看法，你会继续追问我的。"

那天晚上，我做了次愚昧人。我应该在表达自己想法的同时，询问儿子一些问题，吸引他作些回应。我应该乐于了解儿子的想法，而不只是发表自己的意见。

为什么这至关重要呢？

当我们乐于了解并认识孩子时，就是在表达我们对他们的爱，我们就是在对孩子说："我非常爱你，所以我在乎你的想法。我非常爱你，所以我愿意多了解你。我非常爱你，所以我会问些关键的问题。"

父母乐于了解儿女的态度，能鼓励孩子与父母交流。相对于没兴趣或冷漠，儿女如果感受到父母真心乐于了解他们，他们会更容易敞开自己的内心。仔细聆听儿女所说的，甚至是没说的，能引导我们的言语，起到促进亲子间对话的作用。没有对孩子的了解，亲子对话就无法切中孩子的所想、所思、所念，也可能错过孩子最关心的问题，使亲子沟通徒劳无功。

《箴言》18章13节，清楚地阐述了这个主题："未曾听完先回答的，便是他的愚昧和羞辱。"阅读着这段经文，让我愈发懊悔与儿子的这段对话。

儿子向我走来，我知道他想说什么，所以没等他开口，我就先发制人："我知道你想说什么，我的回答是，不。"

"但是，爸……"

"'不'这个字，哪一笔哪一划，你不懂吗？"

"但是爸爸，我甚至还没开口提出我的问题呢？"

"你不需要开口，我是你老爸，你嘴还没动，我就知道你想说什么。"

我未曾听完话，就抢先回答，孩子当然不会回答说："爸，你好厉害，会读心术啊，我所有的朋友都会羡慕我的。"

而事实上，我儿子当时的感受是："我们两个完全没有可能沟通，你跳进来就下结论，完全不听我想说的话。"

　　未曾听完就回应是愚昧的，这会让孩子无意再和我们交谈，他们会去找愿意聆听他们的人倾诉。如果孩子抗议说，我们从来都不听他们说话，这是因为他们真的如此觉得。要放慢脚步，仔细聆听他们。

　　《箴言》20章5节对沟通有透彻的描述："人心怀藏谋略，好像深水，惟明哲人才能汲引出来。"孩子内心的深度，远远超过我们的想象。如果你看到孩子肤浅、草率、就以为他们心中空空，其实孩子的心好像深水，想要汲引出来，就需要我们极大的耐心与智慧。

　　玛吉最近在辅导一位女孩，她内心情绪翻涌澎湃却无法表达，因为她父母未能明智地将她的内心汲引出来。当她回家完成辅导作业时，她一页一页地对自己及家人，进行深刻透彻的分析与见解。就好像这位年轻女孩，我们孩子的心也是深水。而汲引他们内心的智慧，是可以学习的。

　　这需要我们对正确的时机保持敏感。细心观察孩子，他们有时话多得说个不停，但也有时候，就是用铁锹，也无法从他们口中撬出只字片语。聪明的父母，懂得伺机而动，懂得在孩子三缄其口时，暂时离开沉闷的现场，等到孩子更愿意交谈的时候再继续沟通。在孩子滔滔不绝、把自己敞开的时候，父母要尽可能放下一切，抓住这个机会仔细倾听。

　　无条件的爱与接纳，是让孩子安心分享内心深处迷惑的必要条件。我们可以在心态与语气上，表达出对孩子的接纳与爱，即使你内心对孩子的自白充满担忧或哀伤，也要如此，因为如果我们对此大发雷霆或与孩子争吵，孩子会认为，我们并非真正想要了解他们的心声——而只在乎自己希望孩子如何去思想。

有些时候，年轻人明白，他们真实的想法是不受父母欢迎与认可的，故而他们认定父母观念僵化，再没有任何办法去理解孩子在这时代中的辛苦挣扎，父母也没有任何时间和兴趣，陪伴他们一起解决问题，探索生命的意义。

汲引孩子心中的深水，意味着学习提出好的问题，询问与态度、感受、想法相关的问题，其实有种很不错的开场白就是："请帮着我，一起来了解一下……"

充分准备好能促进沟通的各种方式。比方说，我们可以给孩子几个选择的答案，帮助他们来回答我们的提问。如果孩子说，我不知道，或词不达意，我们就得去帮助他们，用我们对人性与生活的认识，尽可能多的提供各种可能的答案。"会不会是这样……或是那样……或是其他？"穿插一两个滑稽好笑的选择，可以营造轻松、不具威胁的气氛，来汲引出孩子心中的深水。

应用与发挥亲子沟通的智慧与能力，是一项属灵的恩典。有克制的言语、增长学问的良言美语、对我们谈话对象的了解和认识，这些特质都源于基督赐给我们的属灵恩典。当我们安息在基督的权能里，就能得着恩典与能力，得以用这些属灵的方式与孩子沟通。我们不会焦躁，强迫去促成任何改变，却要喜乐、盼望，在基督的恩典与看顾中安息，充满着对上帝的敬畏，寻求并履行上帝对我们的呼召。

第十五章　以福音为中心

我们曾与教会中的高中生去野外露营，领队中有一位青少年的父亲。在旅程中，他被自己孩子的行为和态度大大激怒，忍无可忍。他花了几分钟指正孩子，告诉他应该怎么做。我不小心听到了他在结束谈话前对孩子的指令。"就这么做！"他大吼："就照着我说的去做。"

我还记得，当时我觉得非常难过，不禁开始思考我的传道工作，想到我在讲坛上呈现的基督徒生命观。"就这么做！"听上去更像个运动鞋的商业广告，而不是活出基督徒生命的良方。这让我反思，我们为人父母的职分，到底距离以福音为中心有多远。

福音才是中心

福音，是使徒保罗全部神学的中心，记得他在《罗马书》1章16–17节里说："我不以福音为耻；这福音本是上帝的大能，要救一切相信的……因为上帝的义正在这福音上显明出来；这义是本于信，以致于信。如经上所记：'义人必因信得生。'"

根据这段经文，我们可以作出这样的结论，保罗真实地相信，福音是为了我们的得救，保罗也相信，福音是为了基督徒成圣。事实上，在第15节中，这位使徒说，他期盼也能将福音传给罗马的基督徒。"所以情愿尽我的力量，将福音也传给你们在罗马的人。"保罗乐于传福音，也从来没有离开过福音，因为，他知道福音是上帝拯救的大能——从起初恩典的呼召、称义、到最后得荣耀，我们永远离不开福音的中心。

我们作为父母教养儿女，必须始终以福音为中心。福音，是罪得赦免的唯一盼望，是内心改变的唯一可能，也是生活得力的唯一源泉。福音的恩典，是基督徒父母一切言行的中心。

事实上，人类得了比西班牙流感、麻风病或艾滋病更致命的疾病，这病就是罪，而我们全都患了这病。我们就像《圣经》上所说的："没有义人，连一个也没有；没有明白的，没有寻求上帝的；都是偏离正路，一同变为无用。没有行善的，连一个也没有。"（罗3：10–12）我们不单全都是罪人，而且"罪的工价乃是死。"（罗6：23）

上帝是公义的、圣洁的，他不能也不会忽视我们的罪。如果我们想要逃脱死亡、不被定罪，我们需要两件事：一、我们所有的罪需要得到赦免；二、我们需要义代替我们的不义。我们需要一个中保，站在我们与上帝中间——他要和我们有一样的人性，但却不像我们一样有罪。上帝，以他丰富的怜悯与奇妙的恩典，差他的独生子来到我们中间。他代替我们勇敢正直地生活，满足了上帝全然公义的要求。他为我们献上自己成为挽回祭，平息了上帝对人犯罪的震怒。福音告诉我们，在耶稣基督里，因着信，你我可以得到完全的赦免，并得以称义。

　　"但如今，上帝的义在律法以外已经显明出来，有律法和先知为证。就是上帝的义，因信耶稣基督加给一切相信的人，并没有分别。因为世人都犯了罪，亏缺了上帝的荣耀，如今却蒙上帝的恩典，因基督耶稣的救赎，就白白的称义。上帝设立耶稣作挽回祭，是凭着耶稣的血，藉着人的信，要显明上帝的义。"（罗3：21-25）

　　这就是福音，我们必须时时刻刻牢牢抓住。没有任何一天、没有任何一刻，你我不需要福音恩典的同在。离开福音，我们寸步难行。我写这篇文章的时间是早晨八点钟，在一天刚开始的清晨时分，我已经因为一些事犯了错，我没有尽心、尽性、尽意、尽力爱上帝，也没有爱人如己。我们片刻都不能离开福音。

帮助孩子珍视福音

　　在许多次与年轻父母的交谈中，他们都表示，很担心养育出小法利赛人。他们担心教导了孩子正确的行为，孩子的言行虽然变得中规中矩，却无视自己对恩典的需要。

相信这本书，会帮助你避免这个问题。当家庭注重行为，而不是内心的时候，假冒伪善就成为最常见的问题。如果管教惩戒的焦点，是错误行为的转变和纠正，你就失掉了教导内心的机会，因为这样的处理方式，着眼于我做了什么，而不是我是怎样的人。

根据《圣经》，我们知道，人类最深层的问题，并不是藉着外在行为的纠正，就可以得到解决的。根本问题不是我们做错了事，而在行为的根源——我们的心。你、我、我们的孩子说谎、妒忌、不顺服，这都显示出我们的内心有极大的问题。

人，是因偷东西才变成贼；还是因为是贼，才会去偷东西呢？是因骗人才变成骗子；或因为是骗子，才去骗人的呢？《圣经》的答案是：因他是贼，所以才去偷；因他是骗子，所以才会去骗人；因他是悖逆之人，所以不顺服。"恶人一出母胎，就与上帝疏远；一离母腹，便走错路，说谎话。"（诗58：3）

有人也许会问："如果我们指出错误行为，并告诉孩子如何改正，这难道不是做个称职父母的职责吗？"

这当然是父母的职责，针对内心的教导，并不意味着置行为于不顾，只是要知道，行为受心的驱动，所以在纠正行为时，应聚焦在内心的改变，而并非更正表面行为。

这个真理将帮助你在管教惩戒孩子时，始终以福音为中心。你必须帮助孩子意识到，隐藏在他们错误行为背后的心的问题。你与孩子间的对话，可以是这样的。

"亲爱的，你知道，我很在意你对我撒谎的这件事。诚实，在人与人的关系中极其重要，如果你不能信任我、我也不能信任你，我们的关系就无法继续了，你能明白吗？"

"是。"孩子边回答边点头。

"可是，你知道我更关心的是什么吗？"

"不知道。"

"我最深的担心，其实是看到，你就好像我一样，我们都会说谎，总以为说谎可能会比说实话更好。很多时候，我们爱自己超过爱上帝，这就是我们说谎的原因。"

"这正是耶稣降世的原因。如果我们所需要的，只是有个人告诉我们该怎么做，那上帝派个先知就行了。但我们内心的问题实在太大了，只知道该怎么做远远不够，我们需要一位有能力的救主，拯救我们脱离罪恶的捆绑。"

如果你有个比较早熟的孩子，对话可能会变成这样。

"爸爸，你说过谎吗？"

"亲爱的，说谎可能有很多种情况。有时是为了让别人觉得，我们比实际的样子更好。的确是的，有时爸爸也会说谎，如果那样，你知道爸爸需要做什么吗？"

"什么？"

"我需要向上帝承认我的罪，上帝应许会赦免我（约壹1：9），我还需要向我说谎的那个人认罪，并请他原谅我，我还需要反省自己的心，在我说谎时，我心里爱什么胜过了

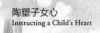

爱上帝呢？这个罪我也得承认。"

"亲爱的，你知道吗？我也每天都需要上帝，完全和你一样。我需要神的赦免，也需要他从内心来改变我，使我爱他胜于一切，我需要他的大能，去爱上帝爱人，胜过爱我自己。"

每一个管教的机会，都是让孩子认识到，自己迫切需要上帝赦免与恩典的机会。如果你把行为作为问题的症结，就无法获得福音的盼望与大能。尤其是，如果孩子知道怎样跳开你的界线，那他们就会变成小法利赛人，洗净了杯盘的外面，里面却盛满了污秽。

福音所针对的特殊需要

孩子的需要与我们的需要，都是一样，就是洁净、饶恕、内在更新，与改变的大能。《以西结书》36章25–27描述了这种更新的转变，这是《旧约》对福音的预见，当我们将它与新约中基督和尼哥底母的谈话内容（参见约3：1–21）相比较时，我们甚至会以为，这正是耶稣对这位秘密跟随者训导的大纲。

洁净

"我必用清水洒在你们身上，你们就洁净了。"（结36：25）《以西结书》一开始，就谈到我们的污秽需要被洁净，我们全都是罪人，即使我们最好的义行在神面前都像污秽的衣服。

《以西结书》详细阐述了洁净，指出人的生命中，有两大方面最需要被洁净，"我要洁净你们，使你们脱离一切的污秽，弃掉一切的偶像。"（结36：25）

孩子的思想、动机、行为都是污秽的，他们跟我们一样迫切需要被洁净。污秽的思想并不单指性方面的罪，任何不是尽心、尽性、尽意、尽力爱上帝的念头，都是不洁净的。所以，孩子与我们唯一的盼望，就是倚靠耶稣基督宝血洁净的大能。

孩子和我们一样，用偶像取代上帝。《罗马书》1章25节描述了我们敬拜侍奉受造之物，却不敬奉那造物的主。每一个罪、每一个违背上帝律法的选择，都肇始于内心这种错误的取代，我们敬拜侍奉那受造之物，而非造物的主。所有的罪，都与敬拜有关，根源于偶像崇拜。

孩子心中的偶像崇拜，迫切地需要被洁净。

赦免

我们和孩子都需要被赦免。我们无法改变历史，即使我们永不再犯罪，仍然需要被赦免，因我们的罪足以让我们被扔进永死的阴间。我们无法赎自己的罪，也无法赚得赦免，却可以领受上帝白白赐给我们的恩典。《耶利米书》31章所应许的约，承诺给予罪人切切盼望的饶恕："我要赦免他们的罪孽，不再记念他们的罪恶。"（耶31：34）

为了强调基督圣洁的生活和十字架上的死，我常对孩子们说，爱不是赦免的基础，偿还才是！上帝因为爱我们，差派他的儿子，耶稣因为爱我们，付上他的生命作为赎价。他偿还了我们所有的罪债，在罪债还清的基础上，才有了赦免。

内在改变

既然人类实际存在的问题比行为表现出来的问题更甚，我们亟须内心深处的改变，《以西结书》针对这个需要说道："我也要赐给你们一个新心。"（结36∶26）这段经文的应许是，恩典将带来内心彻底的改变，"又从你们的肉体中除掉石心，赐给你们肉心"。

我们和孩子所需要的，是完全的改变。如果孩子原本已对某个玩具不在意了，但却因他兄弟喜欢玩，就再度起意去抢夺它，这孩子显露的就是石心。唯有恩典能软化心的刚硬。由奖惩对行为进行的操控，永远无法触及石心。事实上，如果你仔细想一想，行为主义的操控让孩子的心越发刚硬，因为行为主义让孩子自恋、自傲、热恋于外在的良好表现。

只有恩典能改变心。多让人鼓舞！我们唯一要做的，就是定睛在上帝的作为，他会赐给我们一颗新心——一颗肉心。

从神得力

我们不单需要内在的改变，我们还需要从神得力。如果我们希望以神为乐、过舍己敬虔的生活，我们需要从上帝得能力。如果我们想摒弃偶像、单单敬拜侍奉上帝，我们需要从上帝得能力。知道该做什么还不够，我们需要上帝所应许的能力，使我们行出来。"我必将我的灵放在你们里面，使你们顺从我的律例，谨守遵行我的典章。"（结36：27）

上帝关注的不只是外在行为，他呼召我们爱邻舍如同自己，当我们和孩子靠着自己无法做到这一切时，我们确知上帝的恩典会加添我们的力量，帮助我们过不一样的人生。就像保罗所说："我靠着那加给我力量的，凡事都能做。"（腓4：13）

基督赐给我们能力，这并不意味着基督徒生活不需要管教。上帝呼召我们竭诚为主，并吩咐我们恐惧战兢，作成我们得救的工夫，然而如果没有上帝的恩典，这一切都无从谈起。

我们对上帝的一切需求，都在这里——洁净、赦免、完全的内在改变、从神得力。孩子越能洞察内心的黑暗隐秘，就越能明白自己是何等迫切地需要恩典。如果我们期望，用上帝的恩典让孩子赞叹，就必须时刻把这些真理呈现在他们面前。

持守恩典

纠正与管教的时刻，正是培育和造就门徒的机会。请记住，管教（discipline）与门徒（disciple）一词密切相关，所以不要把管教联想成对犯罪的处罚，而应是门徒训练与牧养，是传讲恩典的机会。

恩典

你可曾发现，孩子与我们有多么相似吗？一而再，再而三的重蹈覆辙，因失败而灰心丧志。

有一天晚上睡觉前，女儿开始倾诉生活中的不愉快。她对哥哥非常恼火，哥哥总是欺负她，而她也知道自己对哥哥的反应很尖刻，因此，她对哥哥的罪、自己的罪，和这个堕落世界的残破，感到灰心沮丧，对12岁的她来说，这一切仿佛是她心灵的重创。她郁闷地大喊："为什么还要祷告呢？为什么还希望明天会不一样呢？我一点儿也没变，哥哥也是一样，全都没有用，我永远也不可能成为我希望成为的那样。"

那晚，她需要听到的是什么呢？是在想对哥哥动怒的时候，从一数到十，克制怒火的技巧吗？是我告诉她，只要努力就能做好的安慰话语吗？不！不！

她需要听到的是，有位充满恩慈与怜恤的上帝。她可以为着过去、现在和将来的罪，来到上帝施恩的宝座前，为要得怜恤，蒙恩惠，作随时的帮助。（参见来4：14–16）

我们需要一再向孩子强调，救主基督为了我们来到世上，圣洁无瑕，他为我们担当了世上所有的忧患与痛苦，他有至高的权柄与大能，并且有丰富的恩典与慈爱。

让恩典成为我们的动力

强调恩典的另一个重要原因是，恩典是渴望敬虔的动力。孩子看到、相信、认定福音的恩典，就能被激励去成长、改变。而我们的任务就是在孩子面前，始终持守德行、恩典、良善、怜悯和上帝的慈爱。孩子对上帝的顺服——这至关重要——唯有在更新的恩典与十字架的大能下才能实现。

这也是使徒在侍奉中一贯强调的，上帝的恩典催逼他们跟随主：

> 《罗马书》12章1节：所以弟兄们，我以上帝的慈悲劝你们，将身体献上，当作活祭，是圣洁的，是上帝所喜悦的，你们如此侍奉，乃是理所当然的。

> 《哥林多后书》5章14-15节：原来基督的爱激励我们。因我们想，一人既替众人死，众人就都死了；并且他替众人死，是叫那些活着的人不再为自己活，乃为替他们死而复活的主活。

> 《提多书》3章3-7节：我们从前也是无知，悖逆，受迷惑，服侍各样私欲和宴乐，常存恶毒、嫉妒的心，是可恨的，又是彼此相恨。但到了上帝我们救主的恩慈和他向人所施的慈爱显明的时候，他便救了我们，并不是因我们自己所行的义，乃是照他的怜悯，藉着重生的洗和圣灵的更新。圣灵就是上帝藉着耶稣基督我们救主厚厚浇灌在我们身上的，好叫我们因他的恩得称为义，可以凭着永生的盼望成为后嗣。

帮助孩子看见，福音里上帝奇妙的恩典，是激励他们顺服的动力。我们每个人都一样是罪人，而上帝的恩慈与怜悯却出现了，保罗细述他神学的中心是：唯独恩典、唯独信心、唯独上帝的荣耀。他在《提多书》3章8节加上了这些重要的字句："这话是可信的。我也愿你把这些事切切实实地讲明，使那些已信上帝的人留心作正经事业。这都是美事，并且与人有益。"保罗始终强调恩典，《提多书》3章3–7节是对行善的激励。

使徒强调上帝的恩典、良善、怜悯、慈爱，与十字架白白的赦免，藉此激发基督徒顺从上帝。孩子愈能认识上帝白白赦罪的恩典，和基督使一切凭信心就近他的人全然称义，他们就愈能活出圣洁的生活。使徒们的教导，是为了促进以恩典为动力的顺服。

福音的大能，是我们教育儿女的盼望。我们为人父母，却同样有着人的一切软弱与失败，上帝在我们身上的工作还未成就，而我们还背负着教养子女的职分。带着对恩典与大能最深切的需要，我们来到神面前，实行一切上帝对我们的呼召。

福音的大能，不只是为我们的孩子，也是为了我们自己。福音恩典的大能，可以洁净我们、赦免我们、由内改变我们，并让我们从神得力，以致我们足有智慧与能力，从孩子的心开始，去陶教与指引我们的儿女。无须为你的需要与软弱感到不安，我们的软弱，不会像我们自恃有力那样，使我们远离上帝。天天来到基督的面前，靠着那加给你力量的，凡事都能做。